真心告訴您

——達賴喇嘛在幹什麼?

財團法人 正覺教育基金會 編著

ISBN 978-986-86852-4-6

真正的藏傳佛法，只有覺囊已弘傳的他空見第八識如來藏妙義；所以真正的藏傳佛教，就是弘傳第八識真如的覺囊已。

達賴喇嘛率領的密宗喇嘛教，都以常見外道宗奉的意識生滅心境界，作為佛法的宗旨，全面違背真正的佛法，是冒充的假佛教，不是真正的藏傳佛教。

序　文

——正覺教育基金會董事長張公僕[1]

　　世間法上文明的興衰總像是風雲變幻，文化的傳承則有如江河蜿蜒，而此當中世出世間的大乘佛法命脈不絕如縷，歷經世代的風雨飄搖，和道程的崎嶇坎坷，總是僵多起少、潛久浮暫，尤其時際末法，大乘佛法久衰矣！更是難值難遇大善知識出興於世，啓蒙發聵住持正法。好不容易在二次戰後，首於台灣民生得以蘇息，再加上政經建設初有小得，「衣食足然後知禮義」，精神層次之需求乃漸漸抬頭，民眾對於宗教信仰的渴求日見其亟。而大乘佛法本來就是中華文化重要之一環，因此佛教各方知識也就乘運乘勢各立山頭，乃至兀自開宗立派弘宣佛法，使得此地表相佛法一時興盛蔚爲風氣。

　　遞至上個世紀七○年代，流亡至印度達蘭薩拉的達賴喇嘛集團，在苟延殘喘之餘，覷得西方世界的好奇，開始探爪國際，以「藏傳佛教」的名義，包裝其所宗奉的藏地偏狹之半原始信仰——喇嘛教，向四方擴展。台灣也在彼時種種因緣之下，難以避免地與世界同步爲喇嘛教所滲透入侵。偏偏當時各山頭以及整個佛教界，普遍因爲無有證法善知識住持，法義偏差、知見不正而缺乏擇法智慧，因此往往誤信彼

1

等所言，謂彼等之「金剛乘」更有殊勝於佛法三乘菩提之上者，廣大眾生遂被誤導；更有甚者，傳統佛教界中諸師，因於佛法中久修無所證，而自信不足，遂顛倒誤會將假作眞、以虛爲實，乃競相夤緣達賴喇嘛之「藏傳佛教」，乃至轉而改歸依彼等上師、法王，入彼邪教而學邪法，於是大眾聞風而景從，遂使彼「藏傳佛教」在台迅速蔓延，達賴遍佈各地之「學佛中心」如雨後春筍，其最盛時期甚至號稱信徒二百萬人。從此佛教四眾弟子大量減損，佛教資源迅速失血，而其密宗信眾被性侵者時有所聞，每年無數供養金進了上師口袋或被轉送至達蘭薩拉，由達賴轉用於政治及私人享受等用途，種種令人痛心不齒之事不一而足。

然而究竟達賴喇嘛率領的密宗法王、喇嘛們，傳的眞的是佛法嗎？睽諸教史，佛教自印度傳入西藏時，並未包含二乘菩提的法脈傳承；而從大乘佛教的判別來看，達賴自稱的「藏傳佛教」密宗，與大乘佛教顯然是相背的。近人的研究普遍認爲「藏傳佛教」四大派的發展，是西藏本土的苯教等民間信仰，加上印度晚期被密教化的坦特羅假佛教思想融合而成的，整體而言是印藏的合璧。

然而古時印度的佛教僧人無智，每希望藉著印度教中鬼

神的功能來維持佛教的生存，因此漸漸地被印度教性力派思想所誘惑、所滲透，結果是自己反被印度教的性力派思想同化，天竺佛教至此名存實亡。因此，彼時傳入西藏的祕密「佛教」，受四世紀時開始出現在印度的坦特羅密教影響，完全是索隱行怪地收納古時印度教性力派的全部邪思謬想，而將佛教中的佛菩薩聖號冠上所信奉的鬼神之上，以之命名，並以佛教中的法門名相、果位名相，來代替他們得自外道的種種理論與性力派境界的行門；更依止矯造的《大日經》、《金剛頂經》等密續偽經，以及謬誤的「自續派中觀」、「應成派中觀」，錯會般若，實則無論在義理、戒律及修行方式上，早已和正統佛教大異其趣，既不屬於「南傳佛教」，也不是「北傳佛教」，它已經背離原始佛教的清淨解脫和大乘佛教的慈悲精神，成為以喇嘛上師傳承為主的「喇嘛教」，完全沒有佛教三乘菩提的教義與實證的內涵。

換句話說，當時達賴所率領而傳入台灣，並且肆虐深廣的喇嘛教紅（寧瑪）、白（噶舉）、黃（格魯）、花（薩迦）四大派，並不是 世尊弘傳的佛教正法，反而是教理偏邪、戒行不具，令人修證趨惡、導致淪墮三塗的附佛法外道，此則毀壞佛法、誤導眾生大矣，民眾因之誤入邪道者極多。正覺教

3

育基金會有鑑於此，近年來由〈眞心新聞網〉採訪組諸同仁，廣作探訪，相資研討，並於其中諸義多所辨正，爰依 世尊垂教三乘菩提之正智，與善知識 平實導師五十六萬字鉅著《狂密與眞密》的解碼破闇，開始對喇嘛教（初期仍沿用彼等向外僭稱之「藏傳佛教」名稱）種種錯謬法義、乖張作爲、聚斂錢財、欺侵眾生等事實，一一確實舉證而如理評論之，並於正覺教育基金會官網逐篇登載，並且每月選取一篇作爲廣告文字，於台灣發行量最大的週刊刊登；積漸累功，自此喇嘛教的外道本質，及種種侵害眾生的惡作，才得以爲世人所知。其有不明就裡或爲彼蠱惑蒙蔽者，往往質疑曰：「大家各修各的，何必批評他人？」然彼不知聖 玄奘菩薩早已有言：「若不摧邪，無以顯正」，爲護持 世尊正法、救護廣大眾生，我們何妨套一句孟老夫子的話說：「余豈好辯哉？余不得已也！」

然而佛法無私普潤，藏地豈無正教？唐宋盛世國力歝茂之際，中國大乘佛法又何嘗不曾西傳入藏？只是當後來政治動盪、憂患頻仍、中土文化陵夷，元、明、清歷代君王普爲外道邪法蠱惑，紛紛謬崇喇嘛教諸活佛、法王爲國師，耽迷於所謂「演揲兒法」之外道雙身法時，全境上行下效、風行草偃之下，正法弘傳遂在中國若續若斷隱而不彰矣。親證佛

4

法之諸祖師菩薩，為續佛慧命救度眾生的緣故，亦有投胎至藏地，入虎穴伏虎子，打算從其根基處正本清源，導邪為正；如覺囊派篤補巴出世弘法時，自己證悟如來藏正法，並依經教廣為弘傳，此即為「覺囊派」「真藏傳佛教」，篤補巴成為藏傳佛教歷史上的賢聖菩薩，西藏才真正有了藏傳佛教。

覺囊派主張以「他空見」解釋時輪，是藏傳佛教史上公元十二世紀到十七世紀出現過的一個特殊的教派。它的特殊之處，就在於其雖為藏傳佛教的一支，但通過在西藏的長期發展與傳播，體現出完全同於大乘佛教如來藏法，而異於西藏其他教派的思想特徵，而以當時西藏的密宗灌頂等密法表相作為掩護，接引不少信徒在他空見如來藏妙義上的信仰與實證。他空見是該派的主要教義，承認第八識真如本性，勝義有為他空，是 釋迦牟尼佛演繹的第八識如來藏妙法，稱為「他空見大中觀」。覺囊派在藏傳佛教中可算是異軍突起，獨樹一幟，如今證明它是唯一真正的藏傳佛教；其他藏傳紅、白、黃、花四大派，皆無佛教教義的實質與實證，都主張生滅性的意識即是常住的真如，與常見外道合流，屬於「假藏傳佛教」。

可惜的是後來格魯派得勢，達賴五世為排除異己，遂利

用政治力量以暴力打壓驅逐、借刀殺人，意圖摧毀覺囊派的
「他空見」正眞「藏傳佛教」，並在覺囊派末代祖師多羅那他
轉去蒙古傳法的同時，以武力沒收覺囊派寺廟財產屬民，封
禁經籍印版，令覺囊寺廟改宗而名存實亡，從此衛藏地區覺
囊一派幾乎絕跡，「藏傳佛教」於是就被各派山寨仿冒贗品借
殼上市，從此背祖離宗，與佛法漸行漸遠，一味索隱行怪，
不復 釋迦佛祖的本懷，成爲現今的紅、白、黃、花四大教派。
我們從聖 玄奘菩薩摧邪顯正的開示反推，可以明瞭若不舉揚
邪說辨正法教，則無以鑑照諸外道如何以假亂眞，佛法眞義
即不得彰顯，從而魚目混珠，成爲食如來食、衣如來衣、壞
如來法的獅子身中蟲。因此，〈眞心新聞網〉爾後的報導，便
舉揚覺囊巴爲唯一的「藏傳佛教正法」，並「正名」其餘以達
賴喇嘛爲首的喇嘛教紅、白、黃、花四大派爲「假藏傳佛教」。

　　中國佛教雖然走過滿佈風雨的千年菩提路，然我們深信
山窮水復的困頓中，終能走出柳暗花明的新里程。今海峽兩
岸三地政局穩定和平發展，經貿往來頻繁，文化交流熱絡，
正乃華夏文明巨龍崛起的歷史轉捩點，也恰逢大乘佛法從台
灣開始復興的契機。我們體認今有住持佛陀正法，暢演 世尊
如來藏正教的 平實導師住世弘法，遙相呼應正牌「藏傳佛教」

之覺囊派他空見如來藏法義，以摧破達賴喇嘛所領導之紅、白、黃、花四大派「假藏傳佛教」藉勢冒名佛教、擾亂中華大乘佛法之行，重振中華大乘佛教，欲令中華大乘佛教千年菩提路，得以益加寬廣平坦成為萬年菩提路，利益無數希求解脫或欲證宇宙實相的一切有緣人。更自我期勉正覺教育基金會在此歷史洪流中亦能有所砥柱：上則見證中華大乘佛教如來藏正法的復興，也廣接引有緣眾生邁向佛法中真正的覺悟；中則匡正社會風氣，以免隨逐喇嘛教樂空雙運男女雙身交合的邪行為害於人間；下及社會中對喇嘛教邪法尚無所知的民眾，為其預作教育而免誤修邪法導致家庭破碎，可令諸多家庭兒童、少年免於失怙之大苦。如今〈真心新聞網〉摧邪顯正諸篇章合集付梓，我們樂見社會大眾廣為流通，並敞開胸懷傾聽我們**真心告訴您**。

張公僕 謹序
2013 年立秋

---

[1] 張公僕先生原任正覺教育基金會執行長，於 2011 年 12 月改任正覺教育基金會董事長。

目　　錄

第 1 篇 修行黑暗面 社會嘩然

〔真心新聞網採訪組台北報導〕

藏傳佛教到底是不是佛教？這個話題已經成為一個熱門的話題，正覺教育基金會在台灣四大報紙刊登巨幅廣告，所作的訴求，讓原本沈寂多時的「喇嘛性侵」的事件，重新被點燃；然而其中的重點已經轉移到喇嘛教到底是不是一個主張性愛的宗教，經過達賴喇嘛西藏宗教基金會說明之後，既說藏傳佛教中確實有男女交合的雙身法，又說喇嘛們都不修這個藏傳佛教的根本教義，使得答案更加撲朔迷離，外界更無法猜測來自西藏的僧侶們，到底是不是要依循這廣告報導的達賴喇嘛的性修的指示。正覺教育基金會表示：達賴喇嘛西藏宗教基金會達瓦才仁這樣避重就輕、轉移焦點的態度，在藏傳佛教以往處理台灣關於喇嘛性愛性侵的事件，是同出一轍的。

正覺教育基金會執行長張公僕，針對密宗的「即身成佛」作了公開的說明：藏傳佛教依循《時輪經》而展開水灌頂和瓶灌頂，前者是以觀想為主，共有 7 階；而後者則是由灌頂的喇嘛分別與一位女子或 9 位女子來作男女行房，各有 4 階，

這是被密灌的密宗男女信徒都必須親身體驗的過程。所謂的水灌頂的密教要義，在於這是印度密宗所謂的「金剛」引水，實則是指男子精液；至於瓶灌頂則是將自身當作是瓶子，接受上師的「金剛道」（尿道）所流出的精液，這樣來完成師徒相授的密灌傳承；再由受灌的信徒親身與方才曾與喇嘛交合的女子共行淫欲，徹底領略樂空雙運，這樣發展密教的實修。女信徒則是應與上師喇嘛及其他的男信徒合修。

張公僕表示，「性愛經典的出現，是密教傳承的重要軌跡，這樣以男性的精液作為修證的傳承，甚至弟子必須以性愛 A 片的方式喝下去，這樣的宗教確實令人大開眼界、難以想像。」

正覺教育基金會張公僕表示，這些性愛的教義對於許多人來說，都是第一次聽到，包括剛剛進入密宗接受結緣灌頂，還沒有開始接受密灌及實修的信徒；然而卻都可輕易於坊間的藏傳佛教的書籍中找到，達賴喇嘛在近年公開印行的書籍中也是如此繼續教導著。修習佛法或佛學者，對於書籍的內容以及如何深入瞭解，建議先瞭解一般西藏的唐卡、曼荼羅、喇嘛廟的相互擁抱交合的鬼神雕像，再來思索這樣的上師為何會認為擁抱作愛就是真理呢？然後再從佛學中所說的三乘

菩提的真實意涵加以瞭解，從藏傳佛教與真正佛教的根本教義的大異其趣，來作深入的比較以後，自然就能對真相了然於胸，然後遠離喇嘛教施加於台灣女性的強制性交或誘姦等侵害。

第2篇　違犯法律與人通姦
　　　　破壞家庭的藏傳佛教應該譴責

〔真心新聞網採訪組台北報導〕

　　針對中廣新聞網的報導：「針對藏傳佛教男女雙修教義爭議，內政部民政司表示，憲法保障宗教自由，除非有明顯違法行為，主管機關須依法處理外，有關宗教教義、儀式或修行都會予以尊重。」（黃悅嬌報導）正覺教育基金會執行長張公僕表示：「依藏傳佛教密續中的規定，修雙身法的喇嘛修雙身法只要明點不漏(不射精)，或者射精後有能力吸回膀胱，就不算破戒。導致喇嘛仗此藏傳佛教的法門，而屢屢犯下性侵台灣女信徒之事。例如四川佐欽寺住持林喇仁波切，性侵多名女信徒；貝瑪堪仁波切——一位在藏密具格的出家喇嘛，卻與已婚女信徒通姦。《西藏生死書》的作者索甲仁波切，同樣都是具格的密宗上師，卻都犯下性侵女信徒的惡行，因而在美國被告上法院。」

　　張執行長表示：雖然台灣憲法保障宗教自由，但是只要是違犯社會善良風俗、觸犯法律、破懷家庭、危害社會和諧的宗教，都不是正教，都是邪教，就必須舉發，警惕善良的

民眾提高警覺。藏傳佛教的喇嘛難以計數的性侵案例，都指出一個事實，就是藏傳佛教的女信徒想要修學密宗根本教義，就必須與喇嘛或男信徒常常性交。這也是爲甚麼正覺教育基金會要向大眾揭露「喇嘛的無上瑜伽修行，就是與女信徒性交！」的原因。

張公僕接著表示：在被喇嘛性侵的女信徒中，更多是因爲密宗祖師的錯誤引導，要每天追求樂空雙運的遍身淫樂境界才能「成佛」；導致女信徒被喇嘛誘姦之後，卻自以爲是在修行最高的佛法。所以 2008.03.12《自由時報》才會出現如下的報導：「趙見妻子不肯承認，立即拿出自己的手機，放出錄下的女子呻吟聲……黃女一時驚愕，才承認和貝瑪堪仁波切發生過性關係。」

正覺教育基金會執行長表示：這已經涉及妨害家庭罪及通姦罪，如果男信徒的妻子或女信徒的丈夫，能夠蒐集到明確的證據，都可以將密宗喇嘛提出告訴，因爲所有與自己的配偶性交的密宗上師都是犯法的。

第3篇 傳承印度瑜伽 西藏喇嘛要雙修

〔真心新聞網採訪組台北報導〕

正覺教育基金會執行長張公僕表示,西藏的藏傳佛教有女信徒與男上師「雙修」,或男信徒與女信徒「雙修」的內容,這是西藏地區四大教派的共同教義,也是四大教派所共同遵守的。西藏的上師,必須通過無上瑜伽灌頂的修行,才能對外宣稱他是喇嘛;喇嘛在西藏的語意,就是上人。尤其受過密宗自己創設的三昧耶戒律的出家喇嘛,更應該徹底拋開 佛陀所制定的清淨斷淫的戒律,依照藏傳佛教自己的雙身法戒律規則,進行水灌頂、瓶灌頂。對於他們來說,他們認爲這樣是修行,並不涉及邪淫、違背佛教戒律。

正覺教育基金會執行長張公僕表示,印度佛教末期受到當時印度教瑜伽性愛思潮的影響,密教化的佛教中男女雙修的風氣很盛,整個脫離了 釋迦牟尼教導的佛法。而當時密教祖師們所編纂的密續,直接的翻譯,於學術界就是認爲是譚崔瑜伽;這是全世界公認最大勢力的性愛教義,從來就沒有眞正的學術研究者會認爲這是 佛陀所傳眞正的原始的經典,是 佛陀入滅以後的公元十一世紀才開始編造出來的,所

以不是經典而稱爲密續，但密宗都把這些密續也稱爲「經」。而中國從古以來，瞭解化外之民沒有受過中國儒家思想的熏習，因此每每採取有容乃大的包容，如同中國禮俗說「兄嫂不能欺」，但在化外之區，甚至連作孩子的，都可以強取亡父的妾作爲自己的妻妾。「即使是如此，中國人接觸到這樣的無有禮義的環境，還是會覺得相當的錯愕。例如二十世紀初，蔣經國、馮玉祥，他們分別視訪喇嘛教的傳播地區：青海、蒙古時，發現幾乎都是雜交的世界，甚至蔣經國還說那些喇嘛幾乎都有梅毒，馮玉祥還知道法王還因此爛塌了鼻子，他們都非常驚訝。」如是喇嘛教盛行的地區，雜交的現象非常的普遍。

張公僕指出，藏傳佛教中已受密戒的僧人絕對要進行男女雙修，和任何著墨在性愛的世俗宗教一樣，藏傳佛教無可避免也會多所隱諱。然而 佛陀當年離開皇宮、家庭，一人單獨修行而成佛；而像西藏這樣主張要男女雙人合體修行，甚至修行到一個程度，一定要去找更多異性來「輪座雜交」的集體雙修，把這樣的欲界境界說成「即身成佛」；這樣的倡導本身就是違背了社會基本的善良風俗，值得有關機構加以重視。

第4篇 淫液世代傳承
藏傳佛教灌頂神話

〔真心新聞網採訪組台北報導〕

最近社會上開始探尋達賴喇嘛是否也有修雙身法的討論，正覺教育基金會執行祕書熊俊表示：根據密教的《時輪經》來作說明，藏傳佛教的無上瑜伽傳承是架構在「男女淫液混合」的基礎上；密教上師和修學者，都必須以互相交媾的儀式來達成淫液的傳承；上師必須先與女信徒性愛洩精，將性交混合後的男女淫液蒐集起來讓弟子喝下，就完成祕密灌頂了。密灌完成後，再轉由這個被灌頂的弟子和同一位女子性交生樂而不洩精，就算是密法傳承成功。

即使是藏傳佛教目前口口聲聲說絕對不能洩精，達賴喇嘛西藏宗教基金會達瓦才仁也說，現在喇嘛們都已不修雙身法了。但正覺教育基金會熊俊表示：現在還是有資料顯示，在目前的台灣，這種匪夷所思的性愛淫液傳承，依然在暗中祕密進行著。而且在藏傳佛教中，即使已受無上瑜伽祕密灌頂者在作愛中不慎洩出精液，仍可蒐集起來重新喝下而「回收」，補救他不慎洩露的過失。這顯示藏傳假佛教的喇嘛們，仍在暗中與已受密灌的女信徒繼續合修雙身法。

　　熊俊表示：這樣的無上瑜伽於西藏行之有年，乃至後來被這種藏傳佛教教義所席捲的歐美地區，都受到無知民眾的歡迎，在台灣也開始如此了。所以達賴喇嘛身為這儀式和教義的最高擁護者、最高階弘傳者，他自己也不能不修學這無上瑜伽；因此如果他辯解說自己並沒有實際性愛灌頂的體驗，他就沒有資格擔任性愛宗派—藏傳佛教—的法王。

　　因此對於外界真假喇嘛的討論，熊俊總結說：任何一位沒有雙身法的真實體驗者卻被稱為上師，絕對是喇嘛教的冒牌喇嘛；然而即使是真正常常實修雙身法的喇嘛上師，也是藏傳佛教性愛大觀裡面的噁心吞精人，實無被人親近供養的任何價值。

　　針對一些信受藏密，還沒有進入祕密灌頂階段，而對達賴喇嘛仍抱持一分希望的人，正覺教育基金會熊俊繼續表示：大家可以觀察達賴喇嘛的發言和書中的談話，他認為不會觀想『灌頂』而來參加他的灌頂的人，這樣不會有大利益成就。

　　熊俊指出，就是因為與會的大眾不懂藏傳佛教的教義精髓，這個應被觀想出來灌入自己頂門的「甘露水」，就是「精液」、「淫水」；是必須在灌頂時觀想自己頭上有本尊佛正在與

佛母擁抱性交，從這種密教「冒牌佛」的下體射入佛母身中而流出，然後灌入自己的頂門，這才是藏傳佛教真正的入門灌頂，否則都只是結緣性質的灌頂，無法獲得藏傳佛教真正灌頂的實質，依舊不是真正已入密教門中的行者。所以這樣的正式灌頂，都已經是限制級的 A 片了，如何會是真正的佛教呢？

　　熊俊更指出：達賴喇嘛甚至公開說，即使觀想和女子交歡，也不會有大成就；還必須和女人真槍實彈地作愛，這樣才會受到達賴喇嘛的認可。因此來到台灣的大量喇嘛們當然要依教奉行，強行性侵或誘姦台灣女信徒的事件就越來越多，卻都在保護女性名節的大前提下隱忍下來，很少人敢出面舉發。

　　正覺教育基金會熊俊最後表示，看到藏傳佛教這種荒誕不經的根本教義，無怪乎中國會有一句詞語「阿里不達」，指稱荒誕不經的事情；這是河洛地區的古語，用今天的台灣話來發音；也就是「不三不四」的意思，就是指密教的 Adi-Buddha，意為「不三不四的佛」。希望先民這句話的智慧能夠傳達給住在台灣這塊土地上奮鬥的民眾，不要墮入藏傳佛教的性愛教義，以免女眷被侵害而導致家庭失和、破碎。

第5篇 密續不如理無關禮教
藏傳非佛法遑論傳承

〔真心新聞網採訪組台北報導〕

日前達賴喇嘛西藏宗教基金會董事長達瓦才仁，應訪於中廣記者黃悅嬌時曾表示，印度佛教確實有雙修，唐朝時因儒家禮教而排除密續經典翻譯，由西藏傳承延續至今，這些經典是佛教所共有，而非西藏佛教獨有云云。採訪人員針對此議題，訪問了正覺教育基金會執行長張公僕先生。

張執行長表示，佛典的翻譯非關儒家禮教，這只是藏傳佛教扭曲史實轉移焦點的一貫伎倆，不足為訓。如果真要說重視禮教，乃是宋明以後的事；事實上隋唐前經過五胡亂華的長期民族融合，反而是觀念閎開，百家爭鳴的開放時代。當時從中土到東瀛、西域乃至印度，無論取經或是弘法的人都絡繹於途，玄奘、義淨、菩提流支、鑒真等就是明顯的例子。譯經更是傾國家財力、物力、人力而為，先後在長安弘福寺、大慈恩寺、積翠宮、西明寺，還有玉華寺等處建立大譯場，由 玄奘菩薩來主持，佛教因此而大興；各宗各派因此而修行成就的祖師代有世出，載在史籍，這不是藏傳佛教可

11

以隨意污衊的。

　　張執行長指出，就連西藏正宗的佛教，也還是公元 641 年，唐太宗終於同意了吐蕃（當時的西藏）松贊干布和親的請求，答應把宗室女文成公主嫁給他，才由文成公主帶入西藏的。當時，唐朝佛教盛行，而藏地尚無佛法；文成公主是一位虔誠的佛教徒，她攜帶了佛塔、經書和佛像入蕃，決意建寺弘佛，才建成了「大昭寺」。大昭寺建成後，文成公主還與松贊干布親自到廟門外栽插柳樹，成為後世著名的「唐柳」。比起公元 770 年左右，藏王赤松德真邀請密宗的祖師爺蓮花生入藏傳教，建立了所謂的「藏傳佛教」還早了一百多年。這項史實具在，所以藏傳佛教非但不宜非議中土佛教的傳承，反而由此可間接證明後起的藏傳佛教教義，是受了後期印度教性力派諸外道的影響而產生，已是變質後的假佛教，根本不是純正的佛教。

　　最後張執行長還強調，佛法就是佛法，沒有什麼達瓦才仁所謂的「中國儒家禮教觀念」還是「西藏人角度」，無上密續全然是滲入後期佛教中的外道所編造的，根本不是什麼「佛菩薩經典」，全都是密宗祖師集體編造出來的，內容荒腔走板；密教化以後的假佛教傳入西藏以後，又有許多西藏密宗

祖師寫作了一些密續，先埋藏在岩堆中幾年以後，再假稱佛菩薩告訴他，某處岩堆中有密續伏藏，然後再找幾個人一起去挖出來，成為神聖的密續，其實都是密宗凡夫祖師們創造出來的，所以內容與 釋迦牟尼佛傳下來的經典教義全然無關，甚至於是完全相互違背的。這一點，大眾一定要明瞭。

第6篇 藏傳佛教「密續」非佛法典籍

〔真心新聞網採訪組台北報導〕

日前達賴喇嘛西藏宗教基金會董事長達瓦才仁，應訪於中廣記者黃悅嬌時曾表示，印度佛教確實有雙修，唐朝時因儒家禮教而排除密續經典翻譯，由西藏傳承延續至今，這些經典是**佛教所共有**，而**非西藏佛教獨有**云云。採訪人員再次針對此議題，訪問了正覺教育基金會執行長張公僕先生。

張執行長表示，佛典翻譯時所選擇之標的是依其是否屬於佛教的經典而判斷，這是唐朝主持譯事的 玄奘菩薩及其遺法弟子們都很清楚判別的，因此當時選擇所譯經典的標準，非關儒家禮教，因為唐朝時對儒家禮教仍非很重視；達瓦才仁所言唐朝翻譯時由於儒家禮教的緣故而排除密續的說法，只是藏傳佛教扭曲史實、轉移焦點的一貫伎倆，不足為訓。如果真要說特別重視禮教，乃是宋、明理學大興以後的事。依史實而言，隋、唐朝代在經歷過五胡亂華的長期民族融合時期，反而文化思想交流大開，是促成百家爭鳴的難得盛世，也是男女關係很開放的時代，才是最有可能翻譯密續為中國佛經的年代。但事實上，在那樣開放的唐朝之時，天竺傳來

14

的密續反而不被翻譯，只有極含蓄的少量密續被善無畏及不空等人翻譯而弘傳著，這已證明達瓦才仁的說法若不是無知於史實，即是故意撒下瞞天大謊、欺矇世人。

張公僕繼續說，當時從中土到東瀛、西域，乃至印度，無論取經或是弘法的人才，都絡繹不絕，往來於途；玄奘、義淨、菩提流支、鑒真等人，就是明顯的例子。譯經的事業，更是傾國家財力、物力、人力而為，先後在長安弘福寺、大慈恩寺、積翠宮、西明寺，還有玉華寺等處建立大譯場，由玄奘菩薩來主持，佛教因而大興。

張執行長回憶這段歷史說，當玄奘菩薩在印度時，大乘佛法的能人志士就已經開始凋零，對小乘的批駁都難以回應；所幸玄奘菩薩挺身而出，捍衛如來正教，嚴厲批判各外道以及小乘，讓大乘佛法重振聲威。然而隨著玄奘菩薩返回中土，再加上擁護大乘的戒日王過世，時局又開始動盪不安，而大乘的法後繼無人，佛教就整個沒落而一蹶不振。

張公僕表示，這時，由印度教發展而來的密教得到了良好的機會，天竺密教祖師編輯已久的《大日經》、《金剛頂經》出現，將雙身法隱晦地混在這二部偽經之中而傳來中國，成為密教決定性全面擴張的先驅，使當時天竺佛教漸漸認同密

15

教坦特羅（譚崔）性交的教義；然後隨著大量製作的《密續》貶抑佛教的如來，刻意推崇密教的假如來，並且將印度性愛瑜伽譚崔的「雙修」教義具體實踐於佛教寺院，僧尼性交盛行而成爲學術界所稱的坦特羅（譚崔：Tantra）佛教；由於密教如此入篡正統而導致天竺佛教全面密教化、名存實亡，完全被密教所取代；這個教義全屬外道性交法門的密教，後來反而在天竺成爲後期佛教的主流，正統佛教已在天竺消失無蹤，這已是十三世紀波羅王朝的事了。

其實唐朝的密續典籍的翻譯也是很盛行，因爲隨著印度佛教被密教化的腳步開始影響唐朝，後來唐朝也因爲佛教翻譯人才無法具備 玄奘菩薩的證量，無法簡擇哪些典籍爲後人之編纂，因此《大日經》、《金剛頂經》都流入中國，經過密教人士善無畏及不空二人的翻譯和闡揚，逐漸推翻了原先 佛陀的教誨而漸漸密教化，學術界稱爲唐密。唐密後來傳入日本以後，就被學術界稱爲東密；日本密宗僧人可以娶妻而住在寺院中生養孩子，與此二經的教義不無關係。

唐朝密教倡導即身成佛、一生成佛，達瓦才仁竟說唐朝由於禮教的緣故而不翻譯密續，明顯是說謊。唐朝密宗依坦特羅（譚崔）密教的《大日經》等密續，公開倡導即身成佛、

一生成佛，明確與正統佛教嚴格劃清界線，如唐朝不空法師更直接表示，離開諸波羅蜜修行成佛之外，還有依照真言陀羅尼三密門修行成佛；這類印度譚崔密教所特有的根深柢固的觀念，就是後來藏傳佛教宗喀巴在《菩提道次第廣論》止觀二章中隱說的雙身法，也是《菩提道次第廣論》建立三士道所要導引趣向《密宗道次第廣論》的印度性愛瑜伽的濫觴，乃至自鳴得意說「咒行」的「人」才是上根人。

張執行長指出，在公元 641 年，唐太宗同意今日西藏的吐蕃松贊干布的和親，將文成公主嫁入西藏，她攜帶了漢地的經書和佛像入蕃；之前尼泊爾公主也嫁給松贊干布，印度若干佛法也流入西藏，後來經過西藏土著信仰苯教的反撲而開始式微；然而比起後來藏王赤松德真邀請密教祖師蓮花生，建立「藏傳佛教」，還早了一百多年。

至於蓮花生所帶領的藏傳佛教教義，張執行長表示，蓮花生就是受了印度性力派等性愛思想的影響，所以蓮花生寫的書籍中不斷說明如何性交、求取長時間的淫樂，成為假借佛教名義的性愛密教祖師，所以藏傳佛教所稟受的就是坦特羅（譚崔）密教，不是真正的佛教。

張公僕表示，到了後世的宗喀巴，則根據密教典籍，直

說即身成佛之後，不可以捨棄淫愛淫貪，不可以捨棄信徒們的女人（女寶），否則就是會入涅槃，因此永遠要裸體抱著女人，下體相交，性器互入互動，保持永遠的快樂；這就是藏傳佛教所受到印度性愛瑜伽所說的「不洩精」以及「淫液傳承灌頂」的誤導。宗喀巴依止於六識論的應成派中觀的見解，落在意識我見、識陰我見之中，仍屬凡夫，當然無權解釋眞的佛法。在天竺及唐朝等時代，菩薩們便已經說明眞如「中觀」和唯識「瑜伽」兩不相悖，唯有證量低微的凡夫之人，智慧遠遠不及 玄奘菩薩；才會別出心裁，一直墮於空有之諍。

張執行長更詳細說明，宗喀巴主張在佛乘之上，還有更高的密乘，就是金剛乘；因此倡言：佛陀所說的法，遠遠不及密教的大日如來的一句話。宗喀巴直接說，只要修行者是上根，都可以在那一世「便得成佛」。像這類與佛說三乘菩提的實證完全無關的外道法，與正統佛教的深妙教義並無關係。無知或淺學的人聽受密宗這樣的話，在求速成的心態下，反而心旌動搖、趨之若鶩；這也無怪乎藏傳佛教今日於台灣會如此興盛，因爲投諸眾生之所好啊！

最後張執行長強調，佛法就是佛法，佛法也是亙古至今、

窮未來際都不會演變的，因為佛法所證的內涵是法界中唯一的真實法，沒有二種或二種以上的真實法，因此選擇經典來翻譯時，有智慧、有證量的譯者只會依其真偽來選擇，沒有什麼達瓦才仁所謂的「中國儒家禮教觀念」還是「西藏人角度」的選擇。無上密續全然是密教祖師所編造出來的，和「佛菩薩經典」教義大相逕庭；正統佛教和依附佛教的密教就是在這樣的歷史背景的分水嶺下，導致教義和修行完全不同，何況是繼承密教的所謂「藏傳佛教」如何可能是佛教呢？請大眾一定要明辨清楚。

第7篇 大寶法王涉嫌觸犯王法

〔真心新聞網採訪組台北報導〕

2011年1月29日,國內外媒體普遍報導:「被指為西藏精神領袖達賴喇嘛接班熱門人選的大寶法王噶瑪巴十七世,其在印度北部達蘭薩拉的上密院遭印度警方大舉搜查,被檢獲大筆可疑資金,大寶法王的一名助手亦被警方帶走調查,當地警方稱,搜查行動與一宗涉嫌違法購地案有關。」消息一出所引發社會的關切,更添新的話題。

據中廣新聞網報導,警方檢獲的這筆資金包括各國貨幣,總數約合76萬5千美元,將近兩千三百萬新台幣。警方懷疑該批現鈔是偷運入境,是準備購買土地的資金。印度警方還說,如果有需要,他們也可能詢問噶瑪巴。目前還不清楚,噶瑪巴的寺廟是否跟這筆非法土地交易有牽連。

《印度快報》則引述當地警察總長說,相信該批現金是透過偷運方式入境;調查是得到中央執法部門配合,在達蘭薩拉、德里、昌迪加爾和安巴拉4個城市展開。是否也有政治因素,不得而知,但已引起印度當地的諸多揣測。

這件事的發展將如何,以及噶瑪巴本人有無涉案,倒

不是此地各界所關心;而是無論如何藏傳佛教的高級職司人員在其寄居國牽涉不法,並擁有以及運用交代不清的大筆資金,且**不用在宗教事務本身**,這確實令人不解且引發種種疑竇。

又如資料顯示多年來達賴喇嘛不斷訪問西方各國,爭取在政治上的支持成立種種基金會之外,還到處藉著演講、法會之名以高額門票、鉅款供養來四處聚斂財物;達賴喇嘛在達蘭薩拉的流亡政府,以台灣為最大的經濟來源,估計約佔其全額的六、七成。正覺教育基金會執行長張公僕先生表示,對新聞報導的評論予以保留;唯表示:願提醒大眾,當藉此反思,不應再對性侵台灣婦女的藏傳佛教作無謂的捐獻或是供養,以免善心反而成就造惡的共業。

第 8 篇 欲辨佛魔非難實易
孰莊孰邪 童騃皆知

〔真心新聞網採訪組台北報導〕

正覺教育基金會的文宣 DM「淫慾法的大本營——藏密喇嘛教」，可謂內容勁爆，文字辛辣；然而所說言之有物，俱屬事實；有人讀了深感共鳴，大呼過癮；也有人尚存疑慮，不相信西藏密宗喇嘛真敢如此淫亂台灣婦女。採訪小組就此現象訪問了正覺教育基金會執行長張公僕。張執行長表示，基金會一切文宣所言俱是事實，都有文獻檔案作為依據，不是無的放矢。

張執行長表示，縱使有人覺得佛法教理極深奧、經中的名相也比較深，由於不能實證的緣故，一時辨不得藏傳佛教密續內容真偽；但是只要依世間常識、經驗和正確的邏輯思維，就不難分辨藏傳佛教的荒誕與不如理。

張執行長舉例說，2010 年台北、高雄各都曾舉辦過所謂「聖地西藏特展——藏傳佛教文物展」，參觀過的人都很有印象：他們的「佛像」都是男女赤裸雙身合抱交合行淫的形象，他們的「法器」也都奇形怪狀，大部分是以人骨、人皮的材質製成的；那些唐卡上的護法鬼神也都是青面獠牙令人害

怕，大多是獸頭人身而且手持死人的腸肚、鮮血淋漓，令人作嘔、噁心極了，其實都只是層次很低的、極無福德的山精鬼魅夜叉等類鬼神，不像是正統佛教中的護法神，莊嚴威武具足福德。

張公僕指出，甚至連他們誇大功德、欺騙世人的所謂「六字大明咒」，其咒文內容正是在讚歎女性的生殖器，不斷唱誦時的意思就是在反覆宣示「歸命金剛杵衝入蓮花」，金剛杵是指男性生殖器，蓮花是指女性生殖器，這是何等淺薄低俗而淫賤的心思，大眾不知而被矇蔽著，繼續大聲唱誦；甚至也有女藝人不知其意涵，竟然在電視節目上大聲唱誦，用來祝福節目主持人豬哥亮。豬哥亮如果知道那六字大明咒的意涵，下了節目，恐怕會三天吃不下飯。有智慧的社會大眾，以後不應繼續再受藏傳佛教的愚弄。

張執行長指出，眾所周知，正統的佛像及護法神，或繪畫或彫塑，都顯示無比的清淨莊嚴、慈悲安詳，絕不會是赤身裸體、多頭多足並且左右纏扭而且怪異的鬼神形象；供佛時也多以花香素果為主，絕不會像藏傳佛教用腥羶垢穢的屎、尿、骨髓、男精、女血號稱為「五甘露」來作供養。

張公僕表示，藏傳佛教在台灣公開祭祀時，則以紅酒代替

23

女人精血，以白酒代替男人精液，以葡萄乾代替生肉，只是初入密宗的信徒們不知道其背後的意涵罷了。然而佛教中的護法神都是正直善淨，絕不會像唐卡中那些從印度教或是苯教轉化而來的淫亂邪神、貪瞋惡鬼，甚至是淫邪多欲的畜生精靈或羅剎、夜叉，貪食五甘露等不清淨的精血生肉等食物。

　　張執行長指出，別說是成人的理性分辨，即使是從參觀「聖地西藏特展」的兒童所表現出來的驚懼表現與質疑，就可知道藏傳佛教文物所散發的邪僻氣息了，有關單位為什麼還敢拿出來公開展示呢？背後是否有著為藏傳佛教張眼之目的，可就耐人尋味了。

　　張執行長強調，正覺教育基金會陳述各種事實，目的是為了救護眾生，尤其是維護佛弟子的法身慧命，以及台灣婦女的名節。從較寬廣的角度來說，若是眾喇嘛及密宗追隨者，單純樂於浸淫性愛藝術的探討，以及性行為技巧的實作，只要不再假借佛教的名義來誤導眾生，則正覺教育基金會亦可不作舉發及評論；但是只要藏密行者仍然寄生於佛法中，宣稱他們種種的外道法即是佛法，以外道的本質而繼續宣稱他們也是佛教，成為「獅子身中蟲」，那麼正覺菩薩眾一定會站出來摧邪顯正，護法救生的。

第9篇 藏傳佛教「蓮花」？ 太離譜了！

〔真心新聞網採訪組台北報導〕

在正統佛教中所提到的蓮花，是代表聖潔、清淨無染的意思；然而一旦移植到了藏傳佛教，卻有另外的詮釋。關於這點，正覺教育基金會執行長張公僕表示，藏傳佛教剽取許多佛教的佛法名相，卻將這些佛法名相的原義全面捨棄，賦與新的錯誤意義，用在不正當的地方，簡直離譜到令人瞠目結舌。

張公僕執行長指出，藏傳佛教的上師、仁波切、法王、活佛、達賴喇嘛，同樣是將「蓮花」當作是女人的性器官的文字密碼，對於不知道藏傳佛教內情的人，看到《密續》中談論到「蓮花」時，還以為這是「出污泥而不染」的聖潔之物；根本不知道藏傳佛教外表道貌岸然的喇嘛仁波切，口中所說的或書中所寫的蓮花都是指女性的生殖器；他們都是對女眾情有獨鍾，妄想染指女眾弟子的「伽婆」陰性器官來共同雙修。

張執行長又表示，藏傳佛教的《密續》中，將合修雙身法的女人說成是「佛母」、「明妃」，性器官說成是「蓮花」，

以此遮掩雙身法邪淫的真相，避免藏傳佛教以外的人士知道他們都是暗中在淫人妻女。藏傳佛教所著作的《密續》，都離不開「無上瑜伽」的男女性交過程的描述，並且將正統佛教清淨無瑕的解脫教義，曲解為與女信徒性交樂空雙運，住於此淫樂的境界就可以即身成佛。這都與佛教的三乘解脫清淨正法無關，現在大家只要照著本會披露出來的「藏傳佛教」的「性愛密碼學」來解密，就可以清楚瞭知這《密續》除了性愛之外，真的看不到真實佛法的義理。

張執行長感慨地表示：藏傳佛教很重視行銷包裝，第一線的傳法人員，又是上師、仁波切、法王、活佛的頭銜，再經過拉攏無知的西洋電影明星拍攝電影，共同烘托造勢，謊稱達賴喇嘛等人為「大菩薩轉世、靈童降生」，被籠罩的人就會瘋狂的崇拜與供養。有了雄厚的財源及西洋影星作後盾，再透過電子媒體的渲染報導，一個原本沒有實質解脫內涵的性愛修行團體，就變成現在台灣炙手可熱的異文化現象。

最後，張執行長語重心長提醒所有修學藏傳佛教的女性信眾們：如果哪一天，妳的上師要求妳與他實修「無上瑜伽」，妳可得趕快遠離，千萬不要讓妳上師用「金剛灌頂、即身成佛」的虛假言詞來迷惑妳。佛教是屬於智慧的開展和熏習，

從來不是在肉體上來搞男女關係；況且，藏傳佛教是以「博愛」的性愛方式來傳法給全天下的女人，他們的理想是要廣博地愛盡全天下所有的女人，這才是達賴喇嘛每天掛在嘴上的**博愛**的真正意思。這樣將性愛整天掛在嘴上的喇嘛，本身就是在造業了，是愚癡人，如何會有真實的智慧與福德可以教導信眾們呢！

第 10 篇　喇嘛偷腥　牛仔很忙

〔真心新聞網採訪組台北報導〕

2011 年 3 月 2 日上午,《蘋果日報》、《聯合報》和電視中天新聞,先後報導了台北市警方上周四在康定路抓到一名林姓流鶯,拉一名來台傳教的尼泊爾籍耐邁仁波切開房間,二人談妥一千元的性交易。該名仁波切被逮到時,辯稱自己沒有嫖妓,只是想要認識台灣的風土民情。警方認定林女賣淫,依違反《社會秩序維護法》送辦。報紙還查證了「仁波切」一詞源自西藏,說指的是西藏佛教的修行人,戒律嚴格,禁止嫖妓。

這件新聞立刻在坊間成為最新的八卦話題。不明究裡的人忙著打聽:「怎麼會這樣?」稍有密宗概念的人皺著眉頭說:「怎麼又來了?」而真正瞭解藏傳佛教者,譬如正覺教育基金會執行祕書熊俊先生卻說:「大概是前一段時間基金會大聲疾呼保護婦女奏效,密宗道場暫時不敢公開宣揚或是進行雙身法,眾喇嘛們悶得慌,才會『走上街頭』花錢解決。藏傳佛教的本質就是性愛技藝,喇嘛們沈溺其中,就像魚離不開水一樣;也像貓兒吃不到腥就會用偷的,這是

遲早都會發生的事。」

　　正覺教育基金會熊執行祕書表示，嫌犯被查獲之後，還「辯稱自己沒有嫖妓，只是想要認識台灣的風土民情。」諷刺的是《蘋果日報》同日同版（2011.3.2A12 版）另有一起風化案件，違法業者以「滷肉飯」作為情色場所的代稱。莫非這位耐邁仁波切，以台灣婦女的秀色作為可餐的美食，要以大啖「滷肉飯」來認識台灣的風土民情？好色犯戒、推諉狡辯，這就是藏傳佛教中喇嘛的現形。

　　熊俊指出，佛教出家眾只有三衣一缽，身無長物，哪裡還能變裝穿著牛仔褲？甚至有些所謂公關喇嘛還會故弄新潮打扮，作偶像的形象包裝，以籠絡年輕人，這都有違佛門出家僧眾威儀的。更何況變裝的目的是為了要藏頭躲臉去嫖妓，這就更是違犯重戒的行為了。據報載：宗教學者江燦騰訝異說，若該名仁波切非冒牌，其買春行為已嚴重犯戒，籲佛教團體予以嚴厲譴責。熊執行祕書指出，基金會贊同江教授指稱犯戒的觀點和呼籲，但該仁波切是否「冒牌」的猶疑說法，往往反而會誤中了藏傳佛教慣用的「金蟬脫殼」之計。警局留置耐邁仁波切偵訊盤查，已經比對證件證實身分了，還會是假的仁波切嗎？更何況，媒體與網路上，到處都找得

到這一位「尊貴的耐邁仁波切」平日說法的內容，以及他的傳承介紹，實在無需再去懷疑耐邁「仁波切」資格，他就是不折不扣、藏傳佛教中的一位真正具有完整資歷與傳承的仁波切，依照著藏傳佛教的甚深教義，實行男女雙修法的實例。

熊執行祕書表示，藏傳佛教自始至終、從裡到外都不是佛教，從來都是冒牌佛教，欺騙佛教徒已經千餘年了；後來以佛教的名義進行印度教性力派的男女性交合修法，欺騙善良的台灣人也已經幾十年了，在達賴喇嘛率領下，喇嘛們都說那就是佛法中的成佛境界。因此，在正覺教育基金會廣泛教育社會民眾以後，仁波切們不敢再誘姦女信徒合修樂空雙運的無上瑜伽雙身法，卻又不能不修雙身法，否則就違背藏傳「佛教」的根本教義，就會違犯密宗自設的三昧耶戒，只好用信徒供養的錢財，私底下尋找賣淫的女人實修無上瑜伽樂空雙運。這樣才是符合藏傳佛教根本教義的真正喇嘛仁波切，所以這不是耐邁仁波切的過失，若要真正追究過失，其實都錯在藏傳佛教的教義本來就是這樣的。

熊俊語重心長地表示，那麼各大宗教團體（特別是台灣佛教四大山頭）對藏傳佛教根本教義的譴責，還需要別人前往呼籲嗎？他們還在等待什麼？是要等待每天都有台灣女性受害

嗎？或是要等待每天都有喇嘛買春被抓的日子到來，才願意出面譴責冒牌佛教藏傳佛教的錯誤教義嗎？台灣四大山頭既然身為台灣佛教界的領頭者、也是社會的公眾人物，在確定消息的第一時間，就該義正詞嚴地挺身出來率先指責，以明佛教的大是大非，和社會的大公大義，如果遲疑觀望反而會讓假佛教的藏傳佛教，一再地從他們犯下的過惡中脫身。

　　熊執行祕書更指出，嚴厲譴責藏傳佛教根本教義錯誤的事情，正覺基金會早已在作了；率先呼籲，更是多年以來一直在進行的。基金會從 2010 年開始在台灣全面展開教育社會大眾的工作，時間還不夠長久，教育效果還不夠普及；雖然這種教育工作對本會全無好處，也常招來藏傳佛教人士的恐嚇，但我們將會繼續努力，堅持下去。

　　經過這麼多的宗教性侵事件，和像是今天發生的正牌喇嘛的性醜聞，大家應該好好覺醒了，熊俊呼籲，社會也該藉此建立共識，還給揹了千年莫名黑鍋的正統佛教一個真正的清白和公道：「藏傳佛教不是佛教」、「喇嘛教是騙財騙色的詐騙集團」；佛教界也應該藉此自清，和喇嘛教劃清界限；社會大眾也要慎選宗教信仰，不要再盲從誤信，遠離仿冒佛教的藏傳佛教，以保護婦女免於宗教性侵的恐懼。

第 11 篇 中國佛教寫通史
不容藏傳佛教假亂真

〔真心新聞網採訪組台北報導〕

據 2011 年 3 月 13 日《聯合報》兩岸／國際 A14 版報導，由南京大學中華文化研究院長賴永海所率領的南京大學訪問團昨天下午抵達佛光山參訪，同時展示由南京大學為研究主體完成的「中國佛教通史」，計十五卷、六百五十萬字。擔任主編的賴永海表示，這部通史，很快就會發行繁體字版。

賴永海說，這部通史是融合的產物，橫跨海峽兩岸，廣納南傳、北傳、藏傳三大教，也融入儒、釋、道的精神，還囊括詩、書、畫、雕刻等中國藝術。他說，過去也有多人整理佛教通史，日本學者也想寫，因不同因素沒能完成，南京大學中華文化研究院從 2004 年起，集結 22 名具博士學位的教授，把整個佛教歷史貫通進行研究，視為國家工程執行，共歷時 6 年，2010 年 12 月初發表。

正覺教育基金會執行長張公僕先生表示，基金會樂見兩岸的文化教育良性積極的交流，也讚歎南京大學對學術的努力與貢獻；不過我們認為這樣一部以學術研究為主軸的「中

國佛教通史」，或許對佛教弘傳過程中的歷史發展和文化現象會有詳盡的敘述與評析，但是對於佛教真實義的釐清，與教界的自律自清，則未必能有實質的導正作用。

張執行長指出，討論佛教，應該針對北傳佛教和南傳佛教而已，不應再添足藏傳，因為所謂「藏傳佛教」是無稽的，是外道魚目混珠，依附於佛教求發展的假貨；正應該藉著這一次編修佛教通史的機會，把它剔除出來，還千年來佛法的清淨與正常，不應該為它開闢蹊徑、鋪留座位，讓「藏傳佛教」名正言順的登堂入室！

執行長慨嘆，佛法不是世間學問，學術界的研究不外是依世間現象作考據、查證、分析、推論；這些工作的研究人員，若沒有真修實證的善知識、正知見作為依止，則表面上的成果，固然可以卷牒浩繁，紙貴一時；但是，對於還原佛教史的真相究竟是功？是過？就不容易說清了。

張執行長舉例說明，一般來說，佛教大規模的傳入西藏，一般都從吐蕃王松贊干布與大唐文成公主及尺尊尼泊爾公主的聯姻開始。貞觀十五年（公元 641 年），唐太宗派江夏王禮部尚書李道宗護送文成公主入藏，並帶入了大量的佛像、經書等；松贊干布非常高興，還特別為此建大、小昭寺弘傳佛法

以爲紀念。這件事基本上也還算是北傳與南傳佛法的延伸。而到了公元 770 年左右，藏王赤松德眞邀請印度僧人寂護，及蓮花生入藏傳教，所傳的佛法並非 釋迦牟尼佛的法教，竟是以斷見外道六識論的緣起性空作爲大乘般若中道，加上用密咒法術示現神通力、降伏鬼神的外道法，尤其是承襲自婆羅門教中邪淫的男女雙修，成爲所謂「無上瑜伽」的雙身修法，又落入常見外道五現涅槃中的最低等級。這些法門，無論就時節、傳承、法義、儀則，全部與眞實的佛法大相逕庭，居然被用來篡竊佛法名相，編纂僞經密續，然後李代桃僵、鳩佔鵲巢，一步一步地，開始以「藏傳佛法」的名目來欺矇世人，所以眞正的佛法就在彼時彼地衰落了；西藏以及所謂「藏傳佛法」普及的地方，遂淪爲佛法的邊地、荒原，一直到今天仍然如此。[1]

　　張執行長呼籲，現在正是要促使台灣的佛教界自律自清，與所謂「藏傳佛教」劃清界限的時候；台灣如是，大陸亦當如是。對世間學術界的研究，正覺教育基金會當然會予

---

[1] 參見 大紀元文化網 http://www.epochtimes.com/b5/8/5/19/n2122 635.htm（擷取日期：2013/9/5）
參見 http://tw.myblog.yahoo.com/jw!FUcUEJSLHQBrxj310p4-/article ?mid=297（擷取日期：2013/9/5）

以尊重，但是我們不會隨著史學家根據世間表相所作錯誤取材作成的研究結果起舞。現代資訊發達而開放，我們只要就事論事，自然能就佛法的大是大非，釐清事實還原眞相。未來終有一天中國佛教的通史與通識都能證明：「藏傳佛教不是佛教」，本就不該列入佛教的通史中承認其地位，只能作爲佛教弘傳史中被外道入篡的歷史。

第 12 篇 金剛地獄當直除滅
棄捨邪法轉身不難

〔真心新聞網採訪組台北報導〕

前些時日，由於正覺教育基金會爲保護台灣婦女，而舉發已往喇嘛一連串的性侵事件；以及〈真心新聞網〉對於日前所發生的耐邁仁波切召妓買春事件的報導與評論，一時間在社會上激濁揚清，藏傳佛教偏邪的宣傳和造作消匿不少，顯見安寧清淨的生活，是大家所尋求嚮往的。不過近來也有部分聲音，發自比較憐憫的角度，認爲喇嘛們自從「四皈依」，並受藏傳佛教雙身法的三昧耶戒之後，被其上師的教導與雙身法戒條所制，認爲不得不繼續精進於上師所傳的雙身法，否則就會「犯戒」而下墮「金剛地獄」。因此他們或許不是故犯佛戒或是台灣的道德、法律；而是爲謹守「藏傳佛教戒律」不得不爾，情有可原。

對這一種說法，正覺教育基金會執行長張公僕先生表示可以理解，但是執行長直截了當地表示，除了八大地獄及小地獄以外，佛經中從沒有什麼「金剛地獄」的說法，任何有大神通的人也都無法證實有藏傳佛教自設的金剛地獄，這個

地獄只是藏傳佛教自己所施設捏造用來嚇人的。張執行長解釋，藏傳佛教所謂「三昧耶戒」的主要內容，就是十四根本墮、八支粗罪、五方佛戒等。其中最主要的就是十四根本墮，而十四根本戒的第一條，就是不得對「上師身口意不恭」。印度的跋維諦瓦上師所作《上師五十法頌略釋》一書中，對密宗藏傳佛教的弟子極盡恐嚇之能事，諸如：對上師一次不恭敬，讓上師生氣一次，他的現世會得到惡報，以及各種不同的怪病，或短命而死。身體會遭到中毒，或胃病、吐血等惡病，並且還會著魔，使他心亂不安因而斷絕此命。他深重的罪業，使得他將來一定會墮落金剛地獄。更何況是誹謗、懷疑上師。

執行長繼續說明，密宗藏傳佛教的上師，爲了防止他們與女弟子祕密雙修的所謂邪淫「密法」洩露出去，被佛教界人士所破，因此，自創的「十四根本墮」的第七戒就是：「灌信不具授密法」。就是對於沒有經過祕密灌頂，對於密宗藏傳佛教的雙身法還沒有信心的人，是不能對他們傳密法的。否則，就是金剛地獄的罪業。執行長解釋，密乘行者，在進入壇城接受祕密灌頂前，必須受持此三昧耶戒，方可進入壇城，實修密法；此三昧耶戒，也是密宗藏傳佛教實修祕密法所必

須遵循的戒律。宗喀巴於其所造《密宗道次第廣論》中更主張：「唯有俱生喜（第四喜之淫樂大貪）是真實樂，若離淫樂之貪，即是違犯西藏密宗三昧耶戒，必墮金剛地獄」。

張執行長慨嘆，藏傳佛教密宗自創的三昧耶戒，一方面，可以操縱弟子，控制弟子的精神，來謀取世間法的利益；另一方面，是實修密法的依據，貫串於藏傳佛教實修密宗的始終，還能保障藏傳佛教淫穢不堪的實修法門不會洩漏出去。密宗藏傳佛教的信徒，因為信受三昧耶戒的緣故，嚇都嚇死了，故在修行中，唯恐對上師不恭敬而墮落至金剛地獄，所以個個小心翼翼，對於上師的恭敬，遠超過對佛。執行長比喻說，這就像是某些外道，有的師父為了怕信徒離開，所以就要求信眾發誓：「永不離開，若離開就會受到五雷轟頂。」道理其實一樣，只是一種眷屬欲引發惡心的反映。

回頭說到「金剛地獄」，執行長直斥為無稽，密續中所稱的金剛地獄，阿底峽曾在他的論著中提到，金剛地獄即是無間地獄。而藏傳佛教的上師認為：「若無間地獄喻村落，金剛地獄就如同廟寺，二者的距離只相差一個間距。」執行長質疑，如果和無間地獄「只相差一個間距」，那麼浩繁的經教中為何從來不曾提起，卻只見於藏傳佛教的密續中？又如果本

是同一個地獄,那麼密續又何必另創名相,徒然製造混淆?執行長析論,「金剛」的本意是「堅固,無可破壞之意」,但是法界中只有實相是無可破壞的,實相則是指宇宙萬法本源的如來藏心;地獄是造惡眾生共業感應而化現的境界,是三界中會生滅的虛妄法,怎麼可以「金剛」作為名號呢?

張執行長舉現成的例子評論,最可笑的是藏傳佛教一面以「金剛地獄」恐嚇徒眾,一面又編造普賢菩薩化現的金剛薩埵可以「摧破金剛地獄」,而將在今年(編案:此為時任執行長的張董事長於 2011 年受訪時所言)清明節舉辦所謂「2011 年清明大幻網金剛薩埵(唯一法手印)超渡法會」,想要廣收供養大撈一票。執行長搖頭苦笑表示,說是「金剛地獄」的也是藏傳佛教,說是「摧壞金剛地獄」的也是它,這不禁令人想到「以子之矛攻子之盾」的典故。到底是金剛?還是可摧破?

執行長指出,「三昧耶戒」不是佛制的戒,反而是佛所斥責的外道**非戒取戒**,落入初果人所斷除的「戒禁取見」中。佛所說的「戒禁取見」的外道邪見,是種種不如理作意所生的虛妄想,修持它根本不具持戒的功德。執行長表示,藏傳佛教連「三昧耶戒」都是非戒取戒,那麼根據「三昧耶戒」所施設的「金剛地獄」就更是虛構而不存在的了。執行長因

此特別向有心停止雙修法的喇嘛喊話:「請你們放心的棄捨雙身法,因爲遠離欲貪只會使你們的人格提昇,道業轉爲清淨,絕對不會因此而下墮子虛烏有的『金剛地獄』,來世反而可以上生欲界天,乃至斷了心淫以後還可以上生色界天的,不會有下墮的可能,否則就違背三界境界的因果律了。」執行長表示這就像維摩詰菩薩所說的:「當直除滅,勿擾其心」,如果眞要以憐憫的角度救護眾喇嘛,就該如此爲他們開示其中的道理,以大悲心免除他們的恐懼。

執行長強調,基金會早就在大聲疾呼「**藏傳佛教不是佛教**」,這樣作不但是爲了救護眾生,也是在教育藏傳佛教的眾喇嘛們。他們原本從各自的上師熏聞所得的「佛法」,一向以爲自己的「金剛乘」是最高、最勝的佛法,對於三乘菩提的法教聞所未聞。經過這一段時間基金會大力宣導之後,確實有不少喇嘛心中動搖,開始猶疑於藏傳佛教的法義和雙身法實修的問題;但是千年的錯謬和眾人的集體偏差互相掣肘,已經是騎虎難下的態勢;何況每一位喇嘛又都受制於上師和他們的「三昧耶戒」,要個別停下身來轉向,談何容易。

執行長歸結,這個明明是有所偏執的世間法,爲了求其生存發展,偏偏要頂著冒牌佛教的帽子,跑到佛教昌盛、儒

道基礎渾厚的台灣社會來行銷，那就更是走入他們的仄徑窄巷，連迴旋的餘地都沒有了，要不就「犯戒（犯三昧耶戒）」而不得不常常中斷與女信徒合修雙身法，不可能夜夜都遵守三昧耶戒而不中斷；要不就觸法，繼續夜夜設法與不同的女信徒合修雙身法而被抓姦，變成動輒得咎。這也就是為什麼達賴喇嘛西藏宗教基金會董事長兼發言人達瓦才仁，會一直煩惱埋怨「中國儒家禮教觀念」妨礙了藏傳佛教的發展的緣故。

張執行長慨嘆這些藏傳佛教上層既得利益者的一群，他們完全不知檢討自己法義的錯謬，和所作所為的不合宜，卻只一昧推諉責任，怪罪外人的不瞭解，只能說是無明和性障深重使然，遠不如那些善根未泯的初學喇嘛。

第13篇 影片見證達賴僞善
外國媒體多有報導

〔真心新聞網採訪組台北報導〕

針對日前採訪曾提到「達賴僞善」的話題，採訪者向正覺教育基金會執行長張公僕進一步詢問具體內容及消息來源。張公僕指出除了某些國家的主流媒體爲了該國的戰略利益和特殊的目的，比較傾向掩蓋有關達賴的負面報導之外；其餘言論資訊開放的國家，尤其是歐洲許多先進各國，歷年來都有種種有關達賴僞善的報導。

張執行長直接一一點選網路上的資料，具體說明：1998年1月5日瑞士公共電視台（Swiss Public TV）播放了一部名爲〈一段達賴對黃教內部的宗教清洗的記錄〉（Dalai Lama and Dorje Shugden）的影片，片中詳細的介紹達賴專制獨裁，運用宗教的力量，強力壓制和殺害信仰非藏密的 Dorje Shugden（金剛神雄天）的藏民之種種作爲，把他們的房子和所有物品統統燒毀，到處張貼其信仰者的照片和可能會出現的場所，試圖鼓勵信徒殺害雄天的信仰者；信仰雄天的藏民們害怕的離開達蘭薩拉，逃難到印度；因爲如果被達賴信徒找到，

一定會被殺死。片中還有對達賴的訪問片段,以及在達賴集團的專制統治下,藏民被奴役的珍貴影片資料。[2]

2008 年 8 月 8 日法國電視 24 台(France 24)也播放一部影片,叫作〈達賴的惡魔行徑〉(The Dalai Lama's demons);影片中直指在有些喇嘛心中,達賴已不再是他們信奉依止的對象了;表面上倡導和平、民主、慈悲、博愛的達賴,卻是迫害他們需要遠離家鄉到處逃難的人,他們認為**達賴是雙面人**。喇嘛們和西藏民眾,在達賴的禁令下,商店不賣東西給他們,連醫院也不能進去,每天生活在極大的恐懼中,怕被殺害。影片中有被達賴所害喇嘛的照片,最後還有婦女泣訴:如果達賴是真的佛,怎麼會做這麼多恐怖的事傷害任何一個人類![3]

---

[2] 參見 Youtube:一段達賴對黃教內部的宗教清洗的記錄[By Swiss Public TV]part1 of 3
http://www.youtube.com/watch?v=0-vI5fs8EUI&feature=channel_page
(擷取日期:2013/9/5)

[3] 參見 Youtube:
〈France24:The Dalai Lama's demons Part1〉
http://www.youtube.com/watch?v=qn_XsBPUYDI
〈France24:The DalaiLama's demons Part2〉
http://www.youtube.com/watch?v=Rk2YsFACKkk
(擷取日期:2013/10/18)

兩個月後的 2008 年 10 月 9 日，同樣是法國他們的電視 2 台（France 2）另外播放了一部名爲〈達賴的軌跡〉（Sur les traces du Dalaï Lama），片中質疑達賴獲得諾貝爾和平獎的正當性。並展示了**達賴許多矛盾面目**，如：達賴接受某國中央情報局的補助：一年 165 萬美元，可是達賴在 1959 年的時候說：「這些款項，是我哥哥接受的，我一點都不知道。」但法國電視台揭發達賴到 1973 年，還繼續接受這些款項，很明顯地在說謊。在表現西藏歷史時，該節目提到十四世紀以來西藏落後的封建統治，並指達賴流亡前對西藏實施專制統治。還介紹了達賴對其他教派的壓制和排斥。[4]

此外，1974 年，達賴「流亡政府」的官員們陰謀刺殺不丹國王，顛覆不丹政權，想要另立不丹新君，要將不丹全國控制在自己手裡，作爲達賴「流亡政府」活動的基地。但是事機敗露，不丹國王迅速逮捕了準備行刺的達賴集團駐辛布辦事處人員，粉碎了這一陰謀。接著，不丹政府下令居住不丹的藏人加入不丹國籍，接受不丹的法律管轄，將不願加入

---

[4] 原法國電視 2 台之報導影片已撤下，本處引述內容爲參考自 http://www.wretch.cc/blog/kc4580455/13164873 轉載之〈影片簡介〉內容。（擷取日期：2013/11/14）

國籍者一律驅逐出境。至今，不丹政府一直仍對達賴「流亡政府」保持警惕。[5]

掃瞄過以上的網路資訊之後，執行長繼續談到：根據耶律大石先生編譯的《西藏文化談》[6] 一書中所提到的考據研究，日本的殺人魔麻原彰晃，與達賴喇嘛有著深厚密切的師徒關係；在麻原所創的真理教的組織裡，還發現有喇嘛教的唐卡及法器等物品；達賴還私下資助麻原投資兵工廠及化學武器的生產與研發，目的就是想要用來為喇嘛教所妄想出來的征服全球而建立香格里拉世界作為護衛的先鋒；他們稱之為「最後的一戰」，想以各種武力來制裁文明世界各種文化對藏傳佛教國度的入侵。

張執行長強調，正覺教育基金會在台灣廣發將近千萬份文宣來教育民眾，揭發藏傳佛教不是真正佛教的真相，也揭

---

[5] 參見 http://tw.knowledge.yahoo.com/question/article?qid=1710122801753（擷取日期：2013/9/5）

[6] 耶律大石編譯，《西藏文化談》，財團法人正覺教育基金會出版，2008.3 初版，頁 39。
編案：《西藏文化談》主要內容節譯自：特利蒙地（Trimondi），《達賴喇嘛的陰暗面：藏傳佛教的雙修、巫術與政治》（Der Schatten des Dalai Lama: Sexualität, Magie und Politik im tibetischen Buddhismus），Patmos 出版社，德國 Düsseldorf，1999 年，第 1 版。

真心告訴您

發達賴喇嘛的僞善面目，這不是以攻擊爲目的，而是爲了救護眾生免受藏傳佛教四大教派等冒牌佛教之害。試想在一個法義邪僻錯謬，仿冒佛教而專門淫人妻女，手段荒淫殘酷的宗教體系中擔任領導人的達賴喇嘛，還要假冒是正統佛教、清淨、和平、善良的佛陀正教。那麼他的心思和作爲，怎會不隨著它的邪惡的法義內涵和欺瞞、荒謬、不誠實的制度作爲長期互相制約，變成一個表裡不一的僞善惡魔呢？所以理事長呼籲，大眾一定要認清眞相，不要再受達賴和藏傳佛教的欺矇。

第14篇 千年總在學舌弄假
三句不離雙身邪淫

〔真心新聞網採訪組台北報導〕

正覺教育基金會執行長張公僕先生表示，許多藏傳佛教的信眾或追隨者，其實本來也是清淨的佛弟子，甚至是積極地在尋求速成佛道，想要早日親證佛法妙義；只是尚無機緣遇到善知識，還不懂佛法名相的繁複和艱深，又剛好因緣不巧而遇到了藏傳的假佛教，就被藏傳佛教四大教派教誤導，誤上了賊船，迷失方向而偏離航線了。執行長說，那些似是而非的曲解佛法，千年來經過藏傳佛教四大教派歷代祖師們的篡改、包裝，劣幣驅逐良幣的肆意傳播，幾乎全面翻轉了正確佛法的義理架構。

張執行長舉例說明，譬如「菩提」本來是「覺悟」的意思，釋迦牟尼佛開示的聲聞、緣覺和佛菩提「三乘菩提」，就是教導大家三種覺悟宇宙人生實相的法道；可是到了藏傳佛教中卻摒棄三乘菩提，自行建立所謂「紅菩提」和「白菩提」。這是指什麼呢？執行長根據藏密上師陳健民的解說表示：紅菩提是從事雙身修行女性（名為空行母、明妃），或是處女所排

47

放的月經，或是處女初次的月經；而白菩提則是「有功德成就」的男性雙修行者，所射出的精液。[7] 這和 佛陀開示的「菩提」，何止是天差地別，簡直不倫不類。

又如「不二」的觀念，張執行長指出，那是指 佛陀第二轉法輪的般若聖教，證悟眞實的中道心如來藏後，證實第八識如來藏心是宇宙中絕對不二的實相心，由於這種勝妙觀察的智慧，對於空與有不再執礙二邊；如《維摩詰經》中許多大菩薩，各自依本身的習性、助緣，殊途同歸，都能證悟眞心如來藏，永遠不會有第二種實證的內容，經中稱之爲「不二法門」。但是到了密宗手中，就變成修無上瑜伽的雙身法，到了性高潮時，在淫慾中體驗淫樂時的一念不生，觀察淫樂觸覺是空無形色而說爲空性，又認爲領受淫樂的覺知心也空無形色而說是空性，說這樣觀察就是證入空性，因爲認爲淫樂觸覺與覺知心都是空性，就叫作「樂空不二」；居然把最粗重的欲界法說成是清淨的空性心，如此盜用佛法實相境界的不二名詞，代之以外道邪淫境界，眞是顛倒黑白。

張執行長又舉禪定爲例，譬如說「等至」，本來是指證得

---

[7] 參見 陳健民著，徐芹庭編，曲肱齋全集（一），普賢王如來佛教會 1991.7.10 出版精裝本；頁 678-679。

初禪到第四禪的禪定境界。而到了藏傳佛教中，「等至」的意義卻變成了行淫到了性高潮以後，喇嘛與女信徒同時「暫時停止呼吸」住於「樂空不二」的離念靈知中，說成是一心不亂，雙方平等證入四喜大樂的假禪定。這樣的性高潮快感，和禪定證量一點關係都沒有。執行長更指出，甚至對於慧學中，斷盡煩惱的「無漏」、「漏盡通」，藏傳佛教都能把它曲解成以男女交合至性高潮時，能夠不射精，精液不外露，或是射精後能回收至膀胱中，叫作「漏盡通」。

執行長表示，假藏傳佛教四大教派把佛法全面扭曲，諸如此類的歪曲，真是數之不盡；佛法中的名相和義理，這些假藏傳佛教都能一一抄襲，並且繞著雙身法予以曲解謬說，導致不知情的人，往往一時之間真假莫辨、是非不分。

張執行長特別介紹，大陸上有一位耶律大石先生，曾經在網路上連載了節譯自德國學者特利蒙地(Trimondi)先生的著作《達賴喇嘛的陰暗面》一書的內容，以「西藏文化談」為題的一系列文章，其中提到特利蒙地先生的一個觀點，用來形容藏傳佛教的曲解佛法倒是很貼切，他說喇嘛教有一個最本質的原理，可稱之為「翻轉法則」。意思是他們認為這個世界既然是虛幻的，那麼就沒有什麼法律準則；所以對一個

密宗修行者，破壞世上的一切準則、禁忌，就是他們天賦的任務。[8]

　　張執行長認為，依著這樣的說法，藏傳佛教對「戒律」的曲解就更令人不可思議了。當達賴喇嘛西藏宗教基金會董事長達瓦才仁辯解說**喇嘛都是守戒律的**，一般社會大眾聽了，心裡想到的是「五戒」、「八關齋戒」、「聲聞戒」、「菩薩戒」，總是誤以為喇嘛們遵守的是這些佛陀制訂的清淨戒律；然而達瓦才仁和眾喇嘛說的持戒清淨，卻是假藏傳佛教自己施設的「三昧耶戒」。而所謂「三昧耶戒」正好就是為了實行男女雙修法，而將殺、盜、淫、妄、酒等　佛陀禁制的根本大戒來個大翻轉，成為「每日都必須與女信徒行淫」的三昧耶戒，喇嘛奉教每天與女信徒合修雙身法時，只要不射精，就是持戒清淨；如果沒有每天與女人合修雙身法，反而是犯戒而不清淨，這也是藏傳佛教對佛教教義全面翻轉的具體事

---

[8] 耶律大石編譯，《西藏文化談》，財團法人正覺教育基金會出版，2008.3 初版，頁 39。
　　編案：《西藏文化談》主要內容節譯自：特利蒙地（Trimondi），《達賴喇嘛的陰暗面：藏傳佛教的雙修、巫術與政治》（Der Schatten des Dalai Lama: Sexualität, Magie und Politik im tibetischen Buddhismus），Patmos 出版社，德國 Düsseldorf，1999 年，第 1 版。

例。這類翻轉佛教教義的事例，眞是不勝枚舉，假藏傳佛教四大教派的**持戒清淨翻轉事例**，只是無數案例中的一件。然而受持此三昧耶戒就會毀掉整個佛法的根基與佛教界原有的清淨。

張執行長懇切的呼籲大眾，認清假藏傳佛教四大教派將佛法名相、教義、果位徹底翻轉的事實，正覺教育基金會的目的就是要告訴民眾：「**『藏傳佛教』四大教派真的不是佛教。**」相反的，它破壞了佛教，並且會引人破戒、下墮三惡道；若是尋求解脫、想要斷煩惱、出生智慧的學佛人，千萬不要再跟著盲從。尤其是婦女們，請看清假藏傳佛教「三句不離本『黃』」的邪淫本質，千萬不要再接近那些眼珠子一直對妳上下打量的喇嘛了。

第15篇 您相信藏傳佛教的 轉世靈童嗎?

〔真心新聞網採訪組台北報導〕

藏傳佛教密宗中有許多的轉世靈童,這些轉世靈童成為後來的法王、活佛,即使是達賴喇嘛也是經由這樣子培養出來的;這是藏傳佛教密宗的「專利」,只要藏傳佛教密宗從內部傳出,這位靈童是某某法王、活佛乃至達賴喇嘛的轉世,我們就非得跟著承認。但是,您的心裡真的相信嗎?正覺教育基金會執行祕書熊俊表示,這是雙方一個願打,一個願挨的事情。藏傳佛教密宗有黃、白、紅、花四個教派,合計仁波切、法王、活佛成千上萬;令人納悶的是,為什麼靈童轉世都要選擇投生到西藏?而且數量是如此之多!很奇怪的是,如果這些靈童真的是大菩薩轉世而來,何必在小孩子的時候,身分就提早曝光(旁邊的人也幫忙讓其曝光);還大大地向外宣揚,讓全天下的人都知道他的身分,這也未免有點兒奇怪了。

熊執行祕書進一步表示,靈童身分的認定,也充滿了許多的爭議。以達賴喇嘛的靈童認定程序為例,歷代的達賴都

是已有內定的人選，有時候是用乩童降神來決定，但是後來又發現乩童收了賄賂；清朝乾隆時期，乾隆皇帝覺得太不像話了，才規定了靈童轉世採用金瓶抽籤的方式，表面看來，由誰來繼任上一世的法王身分，全憑運氣；現在的十四世達賴喇嘛也是內定了人選，由國民政府派官員參加坐床（登基）大典。因此靈童的轉世，與其說像傳說中的那麼「神」、那麼「玄」；不如說，這是藏傳佛教密宗四大派在暗中較勁私相授受。因為，老的法王、活佛死亡了，必須有一個新的法王、活佛來鞏固原寺廟的勢力；黃教的達賴喇嘛也是在這樣的情況下，應運而產生。

　　熊俊打趣地表示，這些法王、活佛都是修習「無上瑜伽」的男女雙身法，如果這些人全都懂得修「精液不外洩」的那種真正的神祕功夫；那就會如同《楞嚴經》上所說的「精行仙」成就的人。這些精行仙的壽命可以活上千年、萬年，何必幾十年就需要靈童來轉世那麼麻煩。可見得法王、活佛、達賴喇嘛所教授的「無上瑜伽」，根本沒有什麼奇特之處，只是很普通的「床上性愛藝術」而已。這些事情，結過婚的男女都懂得，有的人可能此方面的技術還超過這些法王、活佛。所以若真的是先聖或先賢死後再來受生，一定不屑轉世來當

這一種靈童。

　　最後，熊執行祕書表示，藏傳佛教密宗的「靈童轉世」；基本上是他們的一種固有的「制度」，因爲教派不可一日沒有「領導人」，活佛龐大的家產得找個繼承人；「被選中」的小孩子，到底是幸運呢，還是不幸？那就見仁見智了。必須要如此的選出靈童繼承人，才能延續藏傳佛教密宗教派的命脈，鞏固既得利益的喇嘛們的利益。在佛教中所謂的「法王」、「活佛」，這些稱謂只有　釋迦牟尼佛才堪勝任；深知因果的人，絕對不敢有這樣的尊稱；何況，這些法王、活佛根本就是推廣「無上瑜伽」男女性愛的行淫者，是道道地地的外道凡夫。如果說這些人是「靈童轉世」而來，這種鬼話聽聽就好，千萬不要當眞！

第16篇 譚崔瑜伽是新瓶
藏傳佛教裝舊酒

〔真心新聞網採訪組台北報導〕

對於〈真心新聞網〉之前的報導，多次出現所謂「譚崔瑜伽（Tantric Yoga）」有讀者表示不瞭解，紛紛來電詢問；也有少部分民眾質疑，報導的內容是否為編造的材料，或者只是拿古印度的哲學思想來抹黃藏傳佛教。基金會執行長張公僕先生表示，譚崔瑜伽的修行方法，不但現在還是活躍於國際間，甚至台灣也有人公然教授實修，還一度上了各大媒體的版面，只是當時把它當作是八卦新聞，熱鬧了一陣，大眾在事後就逐漸淡忘了。

張執行長追述，據2006年6月13日的《蘋果日報》的報導，古印度「譚崔」瑜珈術鼓吹民眾踴躍參加；參加修練的男女學員在彼此互相不認識的情況下，被安排配對進行集體性交。根據《蘋果日報》報導內容，當年43歲，任教於台灣藝術大學雕塑系的簡上淇，2006年6月初，於北高兩地舉辦兩場以提高性能力、延續性高潮的古印度「譚崔」瑜珈術（Tantric Yoga;也就是 Tantra Yoga）說明會，鼓吹民眾參加；參加

修練的男女學員除在互不相識的情況下，被安排配對進行集體性交，男性學員還被要求剃除陰毛，種種作法不僅匪夷所思，更有健康方面的疑慮。

　　媒體指出，簡上淇於當年 6 月 2、5 兩日，在台北、高雄的國軍英雄館，舉辦主題為〈從性到超越性〉的「譚崔瑜珈世紀講座」，除邀請兩位德國譚崔大師安德（Andro）和德瓦塔拉（Devatara）到現場傳授及示範外，每場講座更收取一千元的入場費。講座現場除播放裸男、裸女甚至生殖器官特寫外，更直言譚崔的修練對象「不一定是男女朋友或夫妻，而是不分性別、不論關係」，言下之意相當明顯；說明會中，安德全程與穿著緊身衣的德瓦塔拉面對面採「日月交抱」姿勢進行動作示範，所謂的日月交抱意指男生的金剛杵（陰莖）必須放在女生的蓮花（陰戶）內，擔任翻譯的簡上淇更表示「這是第一次將譚崔公開帶入台灣」。

　　而除了譚崔說明會之外，根據踢爆的《蘋果日報》透露，簡上淇早在 5 月底便於高雄祕密進行譚崔授課，參加者除需體驗日月交抱方式外，更需練習一種從鼻子發出「哼」聲呼氣的「火呼叫」，現場氣氛相當詭異，導致某些學員無法接受提早離開。而在 6 月 3 日晚間的同一個場地，包括簡上淇、

安德和德瓦塔拉等 20 多名男女，在互不相識的情況下全都裸體參與修練，更引起某些學員倉皇離開現場。此外，簡上淇也舉辦男、女神工作坊，報名費六千元，媒體表示，安德除要求參與男神工作坊全部裸體外，並要大家剃陰毛，以方便修練。

執行長表示，當年這一件事情曝光之後，曾經引起輿論譁然，簡上淇則出面澄清只是作理論上的演講，沒有公然實際修練；他任教的台藝大也表示經調查後，認為簡老師風評不錯，校方相信他不會做出有違學術道德及傷風敗俗的事，因此不會處分他。不過根據《蘋果》錄影蒐證發現 6 月 4 日的「男神工作坊」，簡上淇裸體擔任講師，授課時還吹噓「各位昨天有性經驗嗎？我昨天有玩，我昨天與『大師母』（指德瓦塔拉）玩。」[9]

張執行長指出，從報導中所敘述的「金剛杵」、「蓮花」這樣的名相，以及他們宣示的觀念、示範的動作等，大家不難發現他們與藏傳佛教的男女雙修法非常的相似，他們正是藏傳佛教的表親，印度婆羅門教性力派的嫡傳。到了現代則

---

[9] 參見 http://gsrat.net/news/newsclipDetail.php?pageNum_RecClipData=2&&ncdata_id=2750（擷取日期：2013/9/5）

變身成爲類似「奧修大師」的靜心靈修團體之流，但二者骨子裡都是一樣地，以雙身法作爲修行的目的與方法。張執行長分析，「譚崔（Tantric）」或是「坦特羅（Tantra）」本意是「生生不息的生殖、繁衍」的意思，本來只是婆羅門教中的一種哲學思想，但是傳至後來本意抽離，只剩下在男女性行爲的形式上作講究。

滲透到佛教中，以佛教爲包裝，包裹上佛法的法義及傳承，就成了藏傳佛教的男女雙修法了；而留在印度教中的一支，進入台灣後，以「心靈講座」來包裝，強調心靈治療、宇宙能量，及人與人之間開放性互動，就成了「譚崔瑜伽」的團體。這兩者，都是以婆羅門教性力派思想爲濫觴的。

探訪者也查證了曾經參與調查譚崔瑜伽、一位爲筆名「小曼」的兩性專欄作家，她和作家吳淡如去了奧修普那社區一趟，她描述說：「普那到底是什麼樣的地方？它很奇幻，是世上一個獨一無二的靜心修行天堂，大部分的人都是來療傷，在幾十種靜心課程中，治療來自原生家庭或後天環境造成的心理傷害；關於譚崔，僅有相關的兩、三堂課。然而社區裡蠢蠢欲動的慾望氛圍是流動的，異性的吸引力在奧修紅袍、白袍制服的遮掩下呼之欲出；雖然難得看見情

侶卿卿我我的親暱鏡頭，人人看起來也莫不清心寡慾或道貌岸然，然而在那裡每個人都是孤獨的個體，只要想成為奉行譚崔的性門徒，四處是機會。」[10] 什麼機會呢？這是不言可喻的，不論說是「靜心」、「三摩地」或是「解放心靈壓力」，其實指的就是兩性交合那一件事。

也有一位人妻譚崔信徒貝瑪（PADMA），自述童年曾被性侵，所以一直覺得性是痛苦的事；先後到德國和加拿大的「能量學校」去學譚崔，在一次一夜情之後，她體驗了性愛的美好，從此與先生的性愛感覺也提升了。此外，藝人賴佩霞、何妤玟都說在奧修營中尋回自我；賴佩霞說：「奧修的語彙，導引我從傷痛與疑惑中看見愛的深遠。」而何妤玟則因憂鬱症、失眠，長達 6 年靠安眠藥才能入睡，幾乎天天酗酒，連續 4 年親赴印度普那市參加當地奧修課程，因而戒掉酗酒、藥癮壞習慣。[11]

張執行長認為，這些個別的經驗我們可以理解，也頗值

10 參見 小曼 i 日誌 Now news 部落格〈譚崔鼓勵性雜交？ 奧修的神祕性殿堂〉http://blog.nownews.com/article.php?bid=646&tid=23349 作者小曼，曾任中國時報兩性專欄作家、皇冠雜誌專欄作家、TVBS 周刊專欄作家等。（擷取日期：2013/9/5）
11 參見 http://blog.udn.com/giveman/4268921（擷取日期：2013/9/5）

得大眾參考，但是執行長特別提醒，沒有倫理關係繫屬的單身個人，和為人妻、為人母者，應有不同的考慮和斟酌；在還有婚姻關係之時，從既有的社群關係中暫時抽身離開，在安排好的情境中，與完全陌生的人共同探索所謂「開放心靈的體驗」的男女雙修，其效果能不能、該不該擴展至正常現實生活中，仍有待評估。換句話說，譚崔的探索與實驗，是有其社會及家庭關係的風險，也是妨害風化、妨害家庭的，因為它違背了善良的社會風俗與國家法律。

執行長表示，對於這些問題，基金會不願以泛道德主義的觀點來下定論；若是有人對「譚崔瑜伽」懷著一探究竟的興趣，基金會只在此提醒兩件事，第一、請把譚崔與佛教分開，譚崔瑜伽只是一種性愛藝術，藉著完全的性開放來達到暫時性的「心靈安靜」，與佛教完全無關，而藏傳佛教只是包裝假冒為佛教的譚崔瑜伽。第二、請尊重你家庭中的眷屬，畢竟在我們這個社會，沒有幾個為人夫者，有這種戴綠帽的雅量，肯讓自己的愛妻「天下為公」；也沒有幾位為人妻者，真的甘願讓自己的老公周旋在小三、小四之間「拈花微笑」。

執行長舉例說，最近就有一個現成的例子：高雄市一位楊姓男子因為不滿洪姓友人與妻子有染，遂夥同 4 名友人押

姦夫去囚禁,除了 24 小時播放大悲咒要姦夫懺悔,並且痛毆及凌虐,還要求 500 萬的遮羞費。第三天洪趁隙脫逃報案,楊姓男子落網後仍忿忿不平,認為這口氣吞不下,綠巾之恨有若此者。[12] 想參加譚崔的人夫、人妻們可以引為殷鑑,想性侵或染指男信徒配偶的喇嘛們,更要多想想佛法所說現世和未來的果報。

---

[12] 參見《聯合報》〈朋友戲妻,逼聽大悲咒,囚禁打 3 天〉2011.3.6 社會 A11 版,記者陳宏睿報導。

第17篇 藏傳佛教的持咒求財治病是正途嗎？

〔真心新聞網採訪組台北報導〕

正覺教育基金會執行長張公僕表示，藏傳佛教將持咒說為「持明」。他們認為持咒語可以發起佛法修證的智慧，所以咒語就說為明咒，持咒語的人就說為持明人。藏傳佛教繼承自印度教的明咒，再加上自行編造的經典，裡面有許多的密咒和手印，的確是可以和鬼神相應；但是要與佛教中的佛菩薩相應，根本上是不可能的，只會與化現成佛菩薩模樣的鬼神相應！

張執行長進一步表示，有些人利用藏傳佛教的咒語，想求取世間的財利；短時間看起來，好像還不錯。但是向鬼神求財之法，猶如世間人的交易，是一種利害關係的結合；那一些鬼神，為求財者付出辛勞以後，將來一定會在某一特定的時間要求回報。如果得不到回報，鬼神便會給予作祟，使得求財者心神與家宅不得安寧。在台灣的精神病院內就住了一批這樣子的人，大約為精神病患的一半，家屬都說是修學佛法而變成這樣的，其實是搞藏傳佛教的密宗修行才變成這

樣的；這些人就是與鬼神打交道，而最後鬼神不放過他，成爲彼此無法善了的人。

張執行長又表示，有些人生了一些小病，藏傳佛教的持明人，就爲他持咒治病，後來果眞病愈奏效了；很多人就因爲這種世間法的小利益，而踏入了藏傳佛教；未來則會生生世世與這些冒稱佛菩薩的鬼神打交道，無法與佛菩提的清淨無爲法相應，未來世就成爲魔子魔民。

張執行長呼籲，生病應該找醫生，不應該求鬼神，否則若與鬼神交易，最後難免要沉淪；一旦失去人身成爲鬼神之身，也只好繼續去「保庇」他人、迷惑他人，共同沉淪於鬼神之道。

第18篇 藏傳佛教靈童轉世疑雲

〔真心新聞網採訪組台北報導〕

藏傳佛教中有所謂的靈童轉世，其真實性如何，有什麼公信力？值得深入探討。正覺教育基金會執行長張公僕表示，靈童轉世已經成為藏傳佛教的「傳統」，所謂的傳統，是從歷史中延續下來的一種風俗習慣；換句話說，靈童能夠「固定」在藏傳佛教轉世，是西藏地區藏傳佛教所獨有的現象。

張執行長進一步表示，現在的十四世達賴喇嘛，是以前藏傳佛教依著西藏的「傳統」，在幾個小孩中「選出」現在的第十四世達賴喇嘛；這種用「選出來」的，也就是已經「內定」的人選，乃是突顯出那些大喇嘛、也就是權力核心的運作，為了控管前世所留下來的龐大資產，也為了和世間的達官財主結合勢力，所以找一個小孩托詞為靈童轉世，因此絕大部分西藏的靈童，都是出自於政治家族或大富財主的家庭。

藏傳佛教有四大教派，每個教派都一口咬定說這些靈童們就是大喇嘛、法王、活佛的轉世；這種作法無非是要鞏固這些人在政治上的領導地位，也藉此向西藏地區的善良的人民宣示，教派的領導人是大菩薩來轉世，以杜絕人民起義抗暴，以此鞏固教派的地位與勢力。

真心告訴您

　　張執行長又表示，第一世達賴喇嘛根敦珠巴之前，還沒有所謂的「達賴靈童轉世」，顯然第一世的達賴喇嘛不是依於傳統而產生。根敦珠巴生前興建了札什倫布寺，死後留下了極爲龐大的廟產與信徒，顯然，第二世達賴喇嘛的產生，是以政治與經濟的繼承作爲考量。第二世的達賴喇嘛接續第一世的餘蔭，一定會考慮權力鞏固的問題，這個時候的「達賴靈童轉世思維」就是最恰當不過的。於是，追封第一世的達賴喇嘛是「靈童轉世」，自己是第二世的靈童轉世；這樣的說法，都是藏傳佛教中的既得利益者，也就是那些大喇嘛們自己說了算。當他們從內部做認證，某某人是第幾世的達賴喇嘛、法王、活佛時，其他人沒有提出異議的權利；一般人只能在心裡懷疑，因爲，這是藏傳佛教已經確定的人選。

　　張執行長表示，既然藏傳佛教根本不是佛教，那麼不管他們用什麼達賴喇嘛、法王、活佛等大帽子，戴在他們自己人的頭上，都與佛教扯不上關係，也與佛法扯不上關係；因爲，那只是一個虛有的名號，並沒有如同封號上「活佛」的實質。那些被選出來的達賴喇嘛、法王、活佛，不過就是一個無知小童、一個凡夫，戴上一個達賴喇嘛、法王、活佛的封號而已，對於佛法的實證完全付諸闕如，並沒有佛法上的實質！

65

第19篇 藏傳佛教選明妃
喇嘛多是蘿莉控

〔真心新聞網採訪組台北報導〕

根據《聯合報》3 月 11 日社會 A12 版報導，暱稱「頑馱無零」的男子，在個人臉書貼上一系列女童觀看色情動漫的照片，並且要女童擺出各種姿勢讓他拍照，有的還露出內褲；網友認為這名男子是一名變態的「蘿莉控」，擔心女童安危，向警方報案。基於關心弱勢、保護婦女的本懷，正覺教育基金會也對此事件有所注意。

根據原報導註解，蘿莉控（Lolita Complex）指的是極度喜好 6 歲到 12 歲小女生的人，行為可能呈現特別關愛或產生戀愛般的情感。有人認為，「蘿莉控」是對女童有性幻想的異常者。而網路資訊顯示，「羅莉控」這個名詞，其實是日本青少年次文化語言；「羅莉」與「控」得分開解釋一下，「控」的意思是「對某件事物特別喜歡之意」，如果你喜歡電腦，也可以套個「電腦控」之類的。而「羅莉」這個名詞，應該改成「羅莉塔」，泛指 12 歲到 16 歲左右（年齡各有不同解釋，經常被用來指年紀小的女孩、尤其是第二性徵尚未發育或未完全發育的女

孩。）簡單地說就是比「女童」大，但是仍未成年的女孩。

　　這個名詞的由來，是來自一本 1955 年推出的小說。原作是一篇俄國小說《Lolita》（蘿莉塔），作者是納博可夫（Vladimir Nabokov），於 1899 年生於俄國彼得堡，此書耗費了 5 年時間完成（1948–1953），故事內容敘述 40 歲男主角杭伯特，由於他幼年時對同伴的愛戀，以致影響他的下半輩子，對未臻發育成熟的青少女有著依賴與癖好，而與他譜出不倫之戀的就是年僅 12 歲的蘿莉塔 Lolita。（曾被改編成電影，中文片名是《一樹梨花壓海棠》）

　　於是 Lolita（羅莉塔）就因為這一部小說演繹為「一個魅力沒法擋的未成年少女(A seductive adolescent girl)」，這就是羅莉的來源；再演為日文「ロリ」（Loli、羅莉亦同），意指「幼女」，其生理年齡約為 12 歲以下之少女，後因各人見解不同，現只指作外貌像小孩的女孩，其明確之定義為「依據個人觀點而認知的小妹妹」。國際上廣泛擔心蘿莉控就是戀童癖，特別是歐美國家對戀童是持擔憂態度的。也有人認為，男性對於擁有第二性徵的青春期少女產生性幻想，是一種在正常範疇中的情形，不一定真的會有戀愛或是性關係。但是大多數人還是認為，蘿莉控是一種社會流行性癥狀，患者通常會對

未成年女童產生不可預估的衝動。[13]

正覺教育基金會執行長張公僕表示，依照這樣的定義，那麼世上最龐大又最危險「蘿莉控」群，正是藏傳佛教中的喇嘛們。因為他們最「哈」幼齒的女孩，不但經常幻想，而且會積極地與幼女發生性關係，而且屢次做，甚至群體做，還編成專書研究，指導後面的喇嘛去付諸實行。

譬如達賴喇嘛的祖師爺宗喀巴，他所著的《**密宗道次第廣論**》一書中，教導如何請求金剛上師傳授此男女雙修的祕密灌頂，**宗喀巴**云：「先供物請白者：以幔帳等隔成屏處，弟子勝解：『師為金剛薩埵』，以具足三昧耶之智慧母──生處無壞（生產之處無壞）、年滿十二等之童女──奉獻師長（以私處完好無壞而年滿十二歲至二十歲童女九人奉獻與師長同樂而作供養。「等」字謂十二歲一人、十三歲一人、……乃至滿二十歲一人，共為九人）。如《大印空點》第二云：『賢首纖長目，容貌妙莊嚴（容貌必須美麗），十二或十六（年歲須在滿十二或滿十六歲之間），難得可二十（若有困難者，則可用滿二十歲的未婚女人奉獻師

---

[13] 參見 http://tw.myblog.yahoo.com/jw!sO7qLEKRHRMBkUlgIIMD 8lavzA--/article?mid=131（擷取日期：2013/9/5）

參見 維基百科：http://zh.wikipedia.org/zh-tw/%E8%98%BF%E8% 8E%89%E6%8E%A7（擷取日期：2013/9/5）

長行樂，以取得師長歡心）。**廿上為餘印**（若超過二十歲以上者，則屬於其餘手印之用者，不適合作祕密灌頂之用），**令悉地遠離**（會使得密灌所應得之悉地皆遠離而不能獲得故）。**姊妹或自女，或妻奉師長。』」**[14]

　　像這樣子，隨於自己之財力高下所能成辦，用勝妙絕色的「蘿莉」們，或者用相貌稍劣「蘿莉」，以及已經年屆 20 之女人，討好供養上師。至於財力微少、不足以募得人家女兒的，甚至要用未逾 20 之自己的「蘿莉妻」、「蘿莉姊妹」，或者用家裡面的「蘿莉女兒」，來供養上師，取悅於上師，然後方能獲得上師祕密灌頂之傳授。此即是宗喀巴所說請求上師傳與密灌之方法。

　　等到正式灌頂時，宗喀巴還說到，得要有明妃合作而取得「紅白菩提心」，用她們作為祕密灌頂之用：「**為講經等所傳後密灌頂，謂由師長與自 12 至 20 歲九明等至**（謂須由師長與自 12 歲至 20 歲各種不同年齡之九位明妃，一一與之交合而同入性高潮中而觀樂空不二，而後一一射精於明妃下體中而收集之）……。」

---

[14] 宗喀巴著，法尊法師譯，《密宗道次第廣論》，妙吉祥出版社，1986.6.20 精裝版，頁 376。

[15] 還是要找「幼齒」，而且一次要「使用」到 9 位之多，其中大半是「蘿莉」，正覺教育基金會張執行長反問，這不是標準的「蘿莉控」嗎？

　　正覺教育基金會執行長更指出，網路資訊早已遍傳世界：藏地的竹慶寺、亞青寺、菩康寺、乃至被視為寧瑪巴派（紅派）六大道場之一的協慶寺（又名雪謙寺），這些寺廟中的喇嘛為了修練男女雙身法，專門收養孤兒院的女童。人們發現這幾家寺院的後門，經常有抬出去的女童屍體，顯示血流不止，流到地上，都呈現陰道撕裂，令人髮指！而這些女孩最大的也就只有 12 歲左右，這些事情都是真實的。更有人歷歷指證孤兒院的女童，都是由協慶寺的一位不男不女的俊美仁波切，也就是「俊美空行母」為了多賺錢而提供的！[16]

　　張執行長痛斥，像這樣的極端的惡行，已經不只是戀童癖，而是集體姦殺的慣犯，這樣的心性和行為，已經不僅是用「蘿莉控」所能形容，根本就是淫魔惡鬼、第一級的性侵犯，一時之間，他們或許可依恃著特權、或是別人的不知真

---

[15] 同上註，頁 399－400。

[16] 參見 http://tw.myblog.yahoo.com/jw!ZcDOeBWaFxu8kE3haAl5 Ww--/article?mid=517（擷取日期：2013/9/5）

相，而躲在深山雪域，淫祠密窟裡；但總不能永世躲藏不被揭發。我們更不能讓這種西藏的惡行，蔓延到台灣這個清淨寶島；所務之急，就是請台灣的民眾看清楚，這些隱身在紅袍裡的惡魔，把他們揪舉出來，揚棄他們的邪法，遠離這些潛在的「蘿莉控」。

第 20 篇 「藏傳佛教」不是佛教

〔真心新聞網採訪組台北報導〕

正覺教育基金會執行長張公僕表示，藏傳佛教密宗已經公開展示了他們的男女雙身交合的佛像，看過的人都知道，雙身像是藏傳佛教密宗的代表。正統佛教的佛像，個個都是很祥和，或站立或端坐；反觀藏傳佛教密宗的雙身像，樣子很奇怪，男像的前面坐著一個女人，雙方正在進行性行為。已經公開到了如此地步，公開顯示藏傳佛教密宗不是佛教，此時應該已到了佛教的回歸佛教，藏傳佛教密宗的回歸藏傳佛教密宗的時候。

張執行長進一步表示，佛教的出家人，是要持守出家人的戒律，不能與異性行淫；藏傳佛教密宗的喇嘛是反其道而行，不但要與女人行淫，並且規定要天天與女信徒行淫，時間要持久而不洩精，否則就是犯了他們所施設的「三昧耶戒」；犯了「三昧耶戒」要下藏傳佛教密宗自設的「金剛地獄」。

張執行表示，或許有少數的佛教出家人，因為受不了誘惑犯了佛所制定的淫戒，但是佛教徒都知道，那是錯誤的行為；然而藏傳佛教密宗的戒律卻規定喇嘛必須常常與女信徒

行淫，而且認為那是理所當然，非作不可的一件事；對他們說，修習男女交合法門非但不犯戒，而且是在修行甚深的法門；若是不與女信徒行淫，那才是犯戒。

張執行長表示，藏傳佛教密宗所施設的戒律乃「非戒取戒」，他們所設立的三昧耶戒，不是 佛陀所制定的戒律；受持這種戒律而常常與女信徒性交，不但不能成佛，還會由於因果律而下墮三惡道，藏傳佛教密宗自設的三昧戒，沒有絲毫保護喇嘛不下墮的效用。其實那些修過「無上瑜伽」的喇嘛們，大可以放心，藏傳佛教密宗私設的「三昧耶戒」對喇嘛們並無約束力，不修雙身法絕對不會下金剛地獄；因為佛法中沒有這種「邪戒」，三界中也沒有「金剛地獄」的存在。喇嘛們縱使以前修習過「無上瑜伽」男女雙身法，現在感到厭煩了，也可以停止不再修習，犯了「三昧耶戒」也不會下「金剛地獄」，因為「三昧耶戒」的戒力與「金剛地獄」根本不存在，只是那些藏傳佛教密宗的祖師爺所自己發明出來的名相，用來恐嚇無知的民眾罷了。

張公僕執行長指出，用這種自設戒律來規避佛教戒律約束的私戒，並不是佛教的戒律；用這種戒律來要求喇嘛們必須常常與女信徒合修雙身法的教義，也不是佛教的教義，也

與佛教三乘菩提的修證法門及所證境界完全無關，這已經足夠證明藏傳佛教密宗不是佛教了。

第21篇 藏傳佛教密宗三昧耶戒之荒謬

〔真心新聞網採訪組台北報導〕

正覺教育基金會執行長張公僕表示，藏傳佛教密宗私設的三昧耶戒，不但與他們宣稱可以即身成佛等說法自相矛盾，也與佛法完全違背，越修越遠離佛法，不但不可能即身成佛，精修到三大阿僧祇劫以後也不可能成佛，只會成為外道而在未來世下墮三惡道中。

藏傳佛教密宗三昧耶戒，要求喇嘛們必須常常與女弟子合修雙身法，必須傳授雙身法給女弟子，只要那些女弟子是願意供養而且信受雙身法，並且年輕美貌。對於已受密灌而領受三昧耶戒的女弟子，喇嘛有義務常常與她們合修雙身法，使雙方都可以常常住在「報身」佛[17]的樂空雙運境界中。根據達賴喇嘛最信受的祖師爺宗喀巴在《密宗道次第廣論》中的規定，喇嘛們必須每天16小時與女弟子抱在一起都不分離；除了大小便與飲食以外，16小時都要住在兩人合抱的樂空雙運「報身佛」境界中。藏傳佛教密宗的黃教是這樣的教義，其他三大派的紅教、白教、花教也是一樣，只是不像宗

---

[17] 其實只是抱身「佛」，根本不是佛，而是外道法中的凡夫。

75

喀巴那樣規定必須每天 16 小時樂空雙運罷了，但是教義與實修法門都是一樣的。在喇嘛們都未斷淫欲的前提下，自己心中也很貪愛淫欲境界；而且教義與行門也是這樣教導及規定的，當然藏傳佛教密宗所有喇嘛們每天都會想要與女弟子合修雙身法；在這種大前提下，想要藏傳佛教密宗的喇嘛們不性侵女信徒，絕對不可能。

張執行長表示，藏傳佛教密宗為了避免違犯民法規定的妨害家庭、妨害風化等罪責，選擇合修的女弟子時當然要很小心；於是選好女弟子成為明妃而合修以後，還會恐嚇說：「如果洩露這個祕密，就會下金剛地獄。」因此女弟子即使後來知道那根本不是佛法，自己只是被利用而性侵了，也不敢講出來，更不敢出來指證或提出告訴。但是有的女弟子覺得自己被欺騙得太嚴重了，也因為正義感而想要救護所有女性不再被喇嘛所騙，於是挺身而出指證，於是對她性侵的喇嘛就立即逃離台灣；過幾年再改名來台，找一些信受藏傳佛教密宗的立法委員向外交部關說，讓他取得簽證再來台灣。可是教義與行門依舊沒有改變，喇嘛們的行為還是會與以前一樣，於是過一段時間又會繼續出現這種東窗事發的現象，又匆匆逃離台灣。這種事件每年都在台灣上演，但多數都被遮

蓋而沒有公開報導出來。

由於這個緣故，有些喇嘛來台後，乾脆找了合意的女弟子結婚，減少與其他女弟子合修雙身法，盡量與配偶合修。對於這種情形，張執行長說，如果喇嘛只是教導信徒與各自的配偶合修雙身法，不妨害信徒的家庭，也禁止信徒與配偶以外的異性合修雙身法，並且不說那是佛法，正覺教育基金會並不反對，也不會破斥之。然而，這樣子弘揚藏傳佛教密宗雙身法的喇嘛若已結婚，就不再是佛教中的出家人，也不是外道中的出家人了，就不應該再接受信徒的供養；而且一旦結婚了，他不但已經不是喇嘛，連佛教徒都不是了，而是外道法中的在家人了。

執行長又表示，藏傳佛教密宗喇嘛們即使不結婚，當他們宣稱是佛教徒時，一旦修了雙身法，依照正統佛教的戒律，不論是依菩薩戒、聲聞戒、沙彌戒或五戒，他們都已是嚴重破戒者，來世必須下墮三惡道中，已不再是佛教中的出家人，當然不許再接受佛教徒的供養。但他們卻繼續謊稱爲佛教中的出家人，繼續廣收供養，這是欺矇社會人士及佛教徒。藏傳佛教密宗的喇嘛們，全都不曾受過佛教的戒律，不論是聲聞戒或菩薩戒，甚至連在家人應受的五戒都不受，根本就不

77

是佛教裡的出家人。

藏傳佛教密宗的喇嘛們宣稱他們是佛教的出家人，是因爲受了三昧耶戒。但是從佛教的教理與實證的行門上來說，如果受了三昧耶戒，其實就不是佛教僧人，反而成爲外道，一切佛教徒尚且不應該供養他們，何況把他們當作是佛教的僧人。因爲三昧耶戒是藏傳佛教密宗中自己創設的，並不是佛陀所制定的戒律；而且三昧耶戒的領受與修持，都屬於婆羅門教的行淫境界，只是閨房技藝而與佛法絲毫都扯不上關係。所以受了三昧耶戒的所有喇嘛，都不是佛教中的出家人；受了三昧耶戒以後，所有的密宗信徒就變質而不再是佛弟子了。反過來說，如果不領受三昧耶戒，就不能取得喇嘛的身分，又不能成爲藏傳佛教密宗中的出家人，就不是喇嘛，既不能弘法也不能受佛教徒的供養；但是受了三昧耶戒以後，又違背正統佛教的所有戒律，也不再領受佛教的菩薩戒等戒律；以前如果曾經在正統佛教受了聲聞戒或菩薩戒，還得要捨棄以後才能領受藏傳佛教密宗獨有的三昧耶戒，又成爲外道而與佛教無關。

張執行長表示，藏傳佛教密宗三昧耶戒的這些自相矛盾，以及這種外道戒與佛教的教義及實證內涵的互相矛盾，

藏傳佛教密宗的古今所有法王及喇嘛與信徒們，全都不瞭解，是由於智慧不夠的緣故，也是由於還不懂佛教的教義與實際行門，更不懂佛教賢聖所證智慧而導致。因此，正覺教育基金會在這上面，還會繼續努力廣作教育，才能保護所有佛教徒及善良社會人士與家庭，以免繼續被欺騙。

第22篇 嚇您兩跳的藏傳佛教轉經輪

〔真心新聞網採訪組台北報導〕

四川色達地方的五明佛學院,是藏傳佛教密宗培訓喇嘛的大本營之一,其堪布(喇嘛廟的住持)索達吉,號稱著作等身,曾經有《轉經輪的功德》的專著,大言為信徒開示並鋪文於網路;經眾網友點閱後認為荒謬不經,已到匪夷所思的地步,在這兒以〈嚇你兩跳的喇嘛轉經輪〉為題,反向替他轉貼普傳。[18]

對此,正覺基金會執行長張公僕先生表示,藏傳佛教密宗巧立名目、荒腔走板的「天方夜譚」實在太多了!對於這一類「國王的新衣」式的謊言,只要睜大眼睛,以赤子之心直接指出:「啊!他沒穿衣服。」就看到真相了。這篇文章擺明了是違反常理、不符人間通識的邪知見,真假黑白擺在眼前,人們心中自有一把尺。

執行長舉例,如藏傳佛教密宗五明佛學院的堪布索達吉說:「蓮花生大士已經完全精通,他最後得出的結論是什麼?

---

[18] 參見 http://www.bskk.com/viewthread.php?tid=325246 (擷取日期:2013/9/5)

身體和語言所造的善根中，轉經輪的功德無與倫比。」又說：「若能使用轉經輪，不僅自己可積累很多功德，凡是與我們結緣的眾生，也能直接間接前往極樂世界。」張執行長反問，這是不是意味著，信徒們所有的善、淨法都不必修習，只要哪一位轉轉經輪，一夥人都跟著雞犬升天？

　　而歸結轉經輪現世可得的利益，索達吉還這麼說：「手轉經輪者，還可以增長菩提心、善心、生圓次第的境界，獲得無迷智慧，大悲菩提心自然增上，名聲財富無勤圓滿，壽命延長等有諸多功德。」執行長揶揄著表示：「這就像是『哆拉Ａ夢』卡通動畫裡小叮噹的百寶袋一樣，只要伸手一掏，凡事心想事成。」既然如此，那麼索達吉還縮在川康邊境的山窪舊廟裡幹什麼？並且還違背了國家的規定，以喇嘛的身分，到處地在漢區行走，賺取信徒的供養？那就轉轉手中的輪子，帶著百萬錢財和一身的智慧福德，走向世界，去印度供養達賴喇嘛吧！明明是叛逃集團一分子，不要再留在中國騙取人民的血汗錢吧。

　　執行長更指斥，索達吉不但騙活人，還想騙死人，他說：「轉經輪的功德特別大，尤其人在死亡時，如果身旁有個轉經輪，那就不需要破瓦法（藏傳佛教虛妄的「中陰超渡法」）。」

又說:「如果有人死亡,你實在來不及超度,或者沒有人超度,或者這個人不信佛教,在他頭的方向(放在頭的周圍即可,不一定是頭頂上)放一個轉經輪,那他根本不會墮入三惡趣。」請大家試想:在死人腦袋旁放一個轉經輪,就能打破三世因果及業報輪迴,此人生前所造善惡業就全部成為無稽之業,這是在說什麼法義,要什麼寶?他是把自己的信徒當作活寶來耍嗎?

　　為了加強說服力,讓大眾掏出供養,索達吉不免抬出超自然現象:「以前上師如意寶(此人是索達吉的上師晉美彭措)也講過,藏地有位非常出名的空行母,叫西瓊堪卓瑪(即《西藏生死書》中的林薩秋吉),她經常前往中陰界,雖然去過十八大地獄,卻沒有見過生前使用轉經輪的人墮地獄。」又說:「革薩裏尊者遊十八地獄時,認識到身語的善業中沒有比轉經輪功德更大的。」執行長指出,沒想到藏傳佛教密宗也像台灣的民間信仰一樣,有觀落陰、遊地府等把戲,而且在三界之外還創造出一個「中陰界」。執行長表示,這就如唐朝畫家吳道子所說的:「畫鬼容易畫人難」,越是一般人無法眼見的事情,藏傳佛教密宗就吹噓得越起勁,反正算準了一般人也沒有能力反駁。

想要讓信眾大買轉經輪，關於轉經輪能夠除障滅罪的效能當然也要吹捧一番，索達吉更搬出蓮花生喇嘛來助講：「蓮師說：『善男子善女人，凡是欲求往生極樂世界者，應當勤轉此經輪，五無間罪也可依此得清淨。』」又說：「喬美仁波切也說：『造五無間罪、八墮罪以及犯淫戒殺生等重罪之人，只要使用轉經輪，罪業根本不會染污自相續，且能獲得圓滿的解脫。』」又引述：「有些上師說：『即使你殺了18個人，用轉經輪也能遣除罪障。』」張執行長直斥，這叫作「走夜路怕鬼，吹口哨壯膽」。執行長解釋說，其實索達吉這個人，台灣的佛教界並不完全陌生；前些年，他口出惡言毀謗證悟的善知識，白紙黑字無法抹滅；以此緣故，正安法師寫了《真假邪說》辨正索達吉的各種錯誤邪說，如今此書上下二冊仍在流通中，而索達吉至今仍無法依書中的辨正提出文字上的回應，只在網路上叫囂辱罵。索達吉又在他住持的五明學院，覬覦依其道場出家兩姊妹的女色，而且喜新厭舊，被信徒家屬以「人面獸心」為題，撰文指控歷歷；大眾可以再搜尋一下，就會看到這些受害者血淚斑斑的指控，證明索達吉早已是地獄種性的眾生。索達吉引述其他喇嘛的話來自欺欺人，固然是要誇大轉經輪的功效（其實一無「功德」可言），另一面，

不也是想要為自己所造的大惡業尋求自寬赦免嗎？可惜的是，他自己心知肚明，這個轉經輪的功德是無效的。[19]

最令人忍俊不禁而看破其手腳的是，索達吉讚歎轉經輪功德的話未及終了，話題卻突然一轉說：「手轉經輪，就是我們手裡經常用的這種。它的式樣，以前上師如意寶專門設計過，並叫工廠大量製作了幾種。」「現在比較普遍的是電動轉經輪，我覺得這個非常方便，只要交一點電費，白天晚上在佛堂裡面轉，自然而然積累了許多功德。」「電動轉經輪有如此大的功德，不充分利用很可惜。」「後來我買了好多轉經輪，只要來一個比較好的客人，什麼東西都不給，就是給他轉經輪。」到此大家才恍然大悟，原來索達吉是在為「師創品牌」的手動轉經輪，和「自創品牌」的電動轉經輪在作促銷代言人，箇中玄妙不言而喻了。

執行長表示，我們合理的懷疑，這些促銷行為中，難免會有「教、商」勾串的可能性；這就像歐洲中世紀羅馬教廷的販賣「贖罪券」一樣，根本是鬧劇一場；除了欺騙惶惑無知的信眾，以追求現世的橫財、來世的赦免，除此之外，哪裡有什麼宗教修行的意義在其中？說穿了，索達吉不過是個

---

[19] 參見 http://blog.udn.com/hgz88888/3002421 （擷取日期：2013/9/5）

貪色又貪財的喇嘛。

　　執行長提醒大眾說，《華嚴經》中覺林菩薩曾演唱讚佛偈：「若人欲了知，三世一切佛，應觀法界性，一切唯心造。」若依索達吉對其電動轉經輪置入性行銷的說詞，末句是不是要改成「一切唯電成」？又如果突然停電了，那麼十方佛身、佛土是不是倏爾之間就幻滅了呢？執行長慨嘆，索達吉應該慶幸，自己雖然大放厥詞，假佛法之名行置入性行銷之實，卻躲在消費者意識還沒有充分抬頭的大陸西南邊陲。執行長調侃，若是在其他地方敢作這樣的行銷，消費者公益團體一定會糾舉他「廣告誇大不實」、「謊稱使用效果」，除了罰款、撤銷廣告之外，還觸犯了刑責，還可由使用人受害者依法提起訴訟，然後判罪下獄呢！

　　至於網路上有好事者越俎代庖，替索達吉計算功果，故意引菩提獅子上師所說的：「轉動經輪功德，轉動一周者，即等同於念誦《大藏經》一遍；轉動兩周者，等同於念誦所有佛經；轉動三周者，可消除自己所作身、口、意所有罪障；轉動十周者，可消除如須彌山王般罪障；轉動一百周者，功德與閻羅王同；轉動一千周者，自他皆能證得法身；轉動一萬周者，可令自他一切眾生解脫；轉動十萬周者，可速至觀

世音菩薩海會聖眾處；轉動百萬周者，可令六道輪迴海中一切眾生悉得安樂；轉動千萬周者，可令六道輪迴眾生皆得拔出苦海；轉動億周者，功德等同於觀世音菩薩。」這位仁兄計算電動轉經輪的速率：「假如一秒鐘轉三圈，按照文中的計算方法，幾年時間就能趕上觀世音菩薩的『功德』了。」執行長表示，這個說法可以幫大家以輕鬆的方式，凸顯索達吉所言「轉經輪的功德」的荒謬，在大家「嚇了兩跳」之後，正好「開懷一笑」來壓壓驚。

第23篇 藏傳佛教喇嘛 非佛門出家人

〔真心新聞網採訪組台北報導〕

前些日子藏傳佛教密宗的活佛耐邁仁波切，召妓買春的八卦話題已漸淡去，健忘的台灣人早已忘記了。但是在有正義感的人心之中，漣漪猶在盪漾；當時「仁波切」的身分曾引起警方辦案裁處的困惑，和社會大眾的議論。報導中指出：「仁波切分為在家眾及出家眾，各守不同戒律；出家眾絕對必須禁欲，在家眾可以結婚，但各種戒律與規範仍極嚴格，一般都禁止嫖妓。」然而事實上，該媒體記者的消息來源顯然有誤，已被密宗的發言人誤導了。正覺教育基金會執行長張公僕先生表示，依佛門戒律來說，藏傳佛教密宗的規範嚴不嚴格，喇嘛有沒有禁欲、能不能嫖妓，都不是重點；真正的重點是：他們持守的並不是佛戒，他們口裡的持戒清淨也不同於佛門裡的定義。事實上，喇嘛也好，仁波切也罷，都不是佛教中的出家人。

執行長指出，佛世的時候，印度的出家人統稱為沙門，唯獨佛門沙門的戒律較嚴謹，《佛說四十二章經》開宗明義就曾說：「佛言：『出家沙門者，斷欲去愛，識自心源，達佛

深理，悟無爲法。』」佛陀建立僧團之後，想要進入佛門出家正式成爲比丘或比丘尼，除了得要正受三歸依（歸依佛、法、僧）和五戒（戒殺、盜、淫、妄、酒）之外，還要經過沙彌、沙彌尼的培訓、養成或淘汰，通過這些考驗才能正式受出家戒律。若依二乘法出家，要受聲聞具足戒爲正解脫戒；若依大乘法而出家示現聲聞相的菩薩，則以菩薩戒爲正解脫戒，兼受聲聞戒爲別解脫戒；依大乘法出家而示現爲菩薩相，則只受菩薩戒而不受聲聞別解脫戒。佛世的在家人學佛，在三歸依後也要在 佛陀面前自誓受持五戒；出家人不論是現聲聞相或菩薩相，所受的戒律，同樣也是視其個人所依止，受大乘戒律或是二乘戒律。

反觀藏傳佛教密宗，他們的歸依和出家受戒都是不如法的，所歸依的並不是眞正的佛、法、僧，所受的戒律也不是眞正的佛戒，而是必須每天與異性同修們互相交合的三昧耶戒；若從史實溯源和教理檢證，則藏傳佛教密宗的傳承和內涵，不論是教義或戒律，都與眞正的佛教完全不同，本來就不相干。張執行長依據史實史料分析，在笈多王朝（公元 320 年-600 年）以後，由於佛法的難修難證，弘法人才的養成不易，正統佛教在印度本土的力量日益衰微，密教化（被印度教同化）

的假佛教則取而代之，於是印度教日趨強盛，幾乎控制了印度大部分地區；尤其是在南印度，基本都是印度教的勢力範圍。儘管在印度帕拉王朝（公元 750–1150 年）的庇護統治下，印度的佛教又保存了一段較長的時期，但是那已經是密教化以後的變質佛教了。

在佛法三乘菩提難修難證的情況下，爲了發展和延續，印度的佛教吸收了大量印度教的內容，衍變爲現在的密宗；台灣海峽兩岸佛教幾十年來密教化的演變情況，與古印度佛教的密教化過程如出一轍。執行長解釋，密教也稱坦多羅教，坦多羅（坦特羅、譚崔），Tantra（密咒）的詞根 tan 的原義就是生殖、繁衍。到了公元 770 年蓮花生進入西藏傳教，傳授的就是這樣的教義；因此，若是以教義的內涵和儀式的外顯相貌來看，就更能證明喇嘛教本質是印度教性力派所衍發，滲入佛教中而冠上佛教的表相，根本不是佛教。

執行長分析，喇嘛教在西藏爲了自己的利益，一向是與政治勢力掛勾在一起，演變出政教合一的僧侶獨裁制度；以前政教合一環境下的喇嘛們，完全沒有出離世間法的「出家」心態，直至如今依舊未曾改變。當時西藏喇嘛們爲了拓展其聲勢，便剽竊佛教名相，篡編僞經密續，假稱爲佛菩薩巖藏

的密續，等待後人發掘出來弘揚。實質上是繼續沿用佛教這塊響亮的招牌欺矇世人，然而骨子裡就是男女雙修的坦特羅教義。若要在佛教中逐行雙身法，消除佛教中限制出家人不許行淫的清淨戒律，那就必須另尋途徑、篡改佛法名詞，以及假借名義自行創設必須實修雙身法的戒條來解套，於是「四皈依」、「三昧耶戒」、「悲智雙運」這些巧立名目的施設和儀軌，便被藏傳佛教密宗拿出來掩人耳目、瞞天過海。

執行長進一步解釋，所謂四皈依，是在歸依佛、法、僧之上，再加置一個「皈依上師」，並且高推上師「同於諸佛」或「更上於諸佛」；所以要對其上師生起無比之敬信，使弟子言聽計從完全不疑，然後方能逐彼以上師爲中心而推廣雙身密法之目的。張執行長認爲，像這樣依人不依法，更不依佛和眞正僧寶，已失去了佛教三歸依之宗旨，當然不能把學密者視爲佛教，也不能把密宗信徒稱爲佛弟子矣。

執行長剖析藏傳佛教密宗所謂「三昧耶戒」，是密宗教人以「誓修無上瑜伽等雙身法而永不捨棄」等中心觀念，作爲它的實質內容；其戒條規定密宗信徒應完全背棄佛戒，內容荒誕無稽。譬如陳建民上師對密宗的三昧耶戒有這樣的解釋：若未受密灌的密宗弟子，於比丘尼、母、女、姊、妹、

畜生等身上行淫者，則犯三昧耶戒；若已受密灌的密宗弟子，於比丘尼、母、女、姊、妹、畜生等身上，依密宗之雙身法合修者，則認為是修行而非行淫，則是不犯密宗三昧耶戒，而且可以稱持戒清淨。又如：於修雙身法過程中不慎漏點（不慎而射精）者，即是犯三昧耶戒；若不漏點，狎諸女人，不論是母子或父女合體行淫，或是女弟子與比丘合體、男弟子與比丘尼合體，共住於樂空雙運境界中，皆不犯戒。如果這樣樂空雙運而修無上瑜伽時，男方都能夠不漏點（不射精），或者漏點後能夠吸回膀胱中，就是持戒清淨。若是違犯了三昧耶戒，還須花錢找來美麗明妃供養上師令悅，方可滅罪；密宗藏傳佛教這一切規範，都只為遂行雙身法而已。把藏傳佛教三昧耶戒實行到極致，即使是號稱密教改革者，號稱持戒最精嚴的黃教祖師宗喀巴，在其《密宗道次第廣論》卷十四戌二〈時輪規〉中，竟然號召上師和弟子：「汝可殺有情，受用他人女，不與汝可取，一切說妄語。」（得此祕密灌頂者，可以殺害有情眾生而受用被殺者的妻女；當別人不肯把妻子或女兒奉獻給喇嘛合修雙身法時，可以明搶或偷來不屬於自己的女人，假使有人逼問時，亦可說一切大小妄語，騙人說並沒有這回事！）所以喇嘛們依照密宗改革者宗喀巴的教導，說謊是天經地義的事，沒有違犯

91

密宗藏傳佛教的三昧耶戒，仍是持戒清淨者。執行長反問：這是不是駭人聽聞？然而這正是藏傳佛教密宗的眞面目，現在西藏文教基金會董事長達瓦才仁的作爲，正是具體的事例。

　　張執行長由此而歸結，藏傳佛教密宗的「戒律」正是違犯了正統佛教的戒律，正統佛法的戒律是禁欲，而藏密是縱欲；正統佛教要戒殺，藏密鼓勵人去搶別人的妻、女而可以殺人，在以前政教合一制度下的西藏喇嘛們的行爲，即是如此。如果喇嘛們不行殺、盜、淫、妄等惡事來每天達到實修無上瑜伽樂空雙運，那就是犯了密宗的戒律。更何況密宗的所有戒律，都是自創的，都是由外道法轉易而來的，根本就不是出自 佛陀的教誨，反而都是佛教所破斥的落入外道「戒禁取見」的施設。持西藏密宗的任何戒律，都沒有任何功德受用，反而還有謗佛謗法的地獄重罪。

　　因此，執行長的結論是：所有的密宗「修行人」，不管是喇嘛、活佛還是仁波切，非但沒有「斷欲去愛，識自心源，達佛深理，悟無爲法。」反而個個被無明、貪慾所籠罩，不明佛理，起惑造業，不得佛門戒體，退失佛門的三歸依，飄蕩在慾火、苦海裡沈浮，出不了「三界」的家；還把無辜眾生引入雙身法中「相將入火坑」，來世不免三塗果報，是自救

不得、又延害別人的。所以，不論自稱爲仁波切或自稱爲喇嘛，全都不是佛門的法師，他們都不算是佛門的出家人。

第24篇 欣見佛舍利重光
驅逐藏傳佛教偽法

〔真心新聞網採訪組台北報導〕

根據中國大陸《新華網》的報導，南京市於 2011 年 4 月 17 日至 5 月 17 日舉辦 2011 金陵禮佛文化月。釋迦牟尼佛真身頂骨舍利在六朝古剎棲霞古寺接受信眾瞻禮膜拜。據南京市宗教局局長朱淮甯介紹，今年（2011 年）的禮佛文化月，供奉瞻禮不僅有佛頂骨舍利和感應舍利，還迎請了與佛頂骨舍利同時重光的諸聖舍利一同供奉。並謂按照佛教的說法，佛頂骨舍利象徵著佛祖，佛祖的感應舍利象徵著佛法，諸聖舍利象徵著僧眾，佛教三寶佛法僧齊全，在佛教是功德圓滿，絕無僅有的盛景。[20]

朱淮寧還透露，港澳台佛教界暨有關方面已分別提出迎請佛頂骨舍利到港澳台供奉瞻禮的請求。永久供奉佛頂骨舍利的大報恩寺預計將於下半年開工，目前有關方面正在進一步完善方案。

---

[20] 參見 http://news.xinhuanet.com/society/2011-04/08/c_121279911.htm
（擷取日期：2013/9/5）

對於以上的報導，正覺教育基金會執行長張公僕先生表示，棲霞古寺所供奉展出的佛頂骨舍利，即是 2008 年 7 月，從南京大報恩寺遺址長干寺地宮發掘出土的鎏金七寶阿育王塔，高 1.1 米、寬 40 釐米，據稱是當前中國至全世界範圍內已發現的最大規模的阿育王塔。塔身鑲嵌寶石並雕刻佛像、經文，瘞藏千年仍精美絕倫。根據碑文記載與 X 射線探測雙重驗證，塔身內供奉有兩套金棺銀槨，其內有「佛頂眞骨」、「感應舍利十顆」等稀世佛教聖物。2010 年 6 月 12 日世界文化遺產日，南京棲霞寺特爲舉行「南京大報恩寺佛頂骨舍利盛世重光系列活動」，台灣還有不少佛教團體和僧俗四眾前往觀禮。[21]

至於迎請佛頂骨舍利來台供奉瞻禮一事，由於目前仍只是大陸媒體的片面報導，尚未見到本地佛教團體出面宣傳，一時尚無從查證。張執行長表示，若能迎請佛頂骨舍利來台，固然是盛世祥瑞、佛門佳話和四眾弟子的勝緣福報，我們當然竭誠殷盼、恭敬迎禮。不過張執行長提醒，此事若是成辦，則主辦單位應該注意，千萬要嚴防藏傳佛教伺機摻雜其中，

---

[21] 參見 http://big5.chinataiwan.org/xwzx/Technology/201006/t20100612_1411531.htm（擷取日期：2013/9/5）

不得任其以出錢出力爲由，廁入任何主辦、協辦、或助辦之單位。因爲藏傳佛教並非眞正佛教，其喇嘛、信眾也不屬於佛門之四眾弟子，並且是所有破壞佛法的附佛法外道中嚴重者，不容其繼續入篡正統或稍有聯結；若任他們繼續越俎代庖，串場跳樑，將會使得殊勝法會變質，成爲神道設教，誤導眾生向「超級天珠」祈求感應的祈福大拜拜，非但顯得不倫不類，更會因此而褻瀆聖骨，成爲變相承認破壞佛法最嚴重的外道爲佛教一分子，則主辦者必須共同承擔破壞佛教正法的共業。

張執行長回憶2002年佛教各界迎請西安法門寺佛指舍利來台的往事，歷數當時許多道場紛紛舉辦所謂禪淨密三修法會以作「莊嚴」，更見展示場地四眾弟子在下納頭伏拜，而破佛外道的紅衣喇嘛卻高據壇場四周「戒護法寶」的奇怪現象。執行長嚴正指出，本來是一場殊勝的莊嚴佛事，千萬不能因爲主其事者對於是非眞假的認識不清，或是某種台面下的利益交換而鄉愿從事，使它變成了藏傳佛教藉機「漂白」，含混取得在台灣佛教界的合法、合理性地位的機會，進而更得大肆在此地騙財騙色，苟若如此，則主辦者即成爲虧損如來，撓亂正法，罪過大矣。

　　張執行長進一步闡釋，眞正的供養舍利，並不只是湊一時的熱鬧，然後就對佛法不再聞問；而是應該要明瞭「舍利」的眞實義而能永續供養。《浴佛功德經》曰，**供養舍利有二種：一者身骨舍利，二者法頌舍利**。身骨舍利，是依戒定慧所熏修，如來滅後，留全身或碎身，使人永復供養之福德者。而法頌舍利，又稱法身舍利，乃是指佛所說之經典。因爲佛說之經典，旨在闡明實相中道之理，不變不易，性相常爾，能代替佛舍利，亦應供奉於塔中，故稱法身舍利，而此法身舍利所說內容則是「此經」如來藏。張執行長舉教證《法華經》〈法師品〉曰：「**經卷所在之處，皆應起七寶塔，極令高廣嚴飾，不需復安舍利，所以者何，此中已有如來全身。**」因爲《法華經》的經卷中所說的「此經」是指成佛所依的第八識如來藏金剛心，因此，對於 佛陀的經教，眞實誠摯的信受奉行，才是眞正善能供養舍利。

　　張執行長指出，目前流傳的各種版本的藏經，由於編纂的祖師未必都具有正確的擇法眼，以致於有大量的僞經乃至虛構的密續羼雜其中，特別是日本編造的《大正藏》，更大量蒐集附佛外道密宗的雙身法經典與外道咒經；此情況恰似迎請佛舍利隊伍中摻雜著藏傳佛教喇嘛一般，既不如法又不順

理。張執行長呼籲,教界應正視這種情況而尋求戡落枝蔓,撥雲見月之道,也就是支持在善知識的指導之下,依正確法義而檢校,汰僞存眞,以期使 世尊正法,眾生慧命的法身舍利能長久住世。

　　正覺教育基金會張公僕執行長特別讚歎正覺同修會的眾同修,目前正默默地在進行《正覺藏》的校勘工作,也正在區別眞經與僞經,並將其所以爲僞經的理由,加以舉證。執行長認爲「千里之行始於足下」,護持正教、供奉法身舍利的使命固然任重道遠,但是今天不作,明天就會後悔莫及,這是刻不容緩的事情。相信在同修會全體努力之下,一定很快能撥亂反正,檢校出眞正合於 世尊三轉法輪聖教,將僞經辨正於眞正學佛的佛教學人之前;期之於 10 年之後,正覺教團率領下的所有志工菩薩們,將以眞正三乘菩提爲內涵的經卷印行於世,使 世尊的法身舍利能在台灣盛世重光。

第25篇 為什麼藏傳佛教不是佛教?

系列報導之一

〔真心新聞網採訪組台北報導〕

正覺教育基金會執行長張公僕表示,藏傳佛教密宗雖然有「佛教」兩個字,其實它是道道地地的外道,所說的法義除了全部是佛法名詞以外,從裡到外全都外道法,已將全部佛法內涵改易為外道法的意涵,根本不是佛教。因為,藏傳佛教密宗不尊奉本師 釋迦牟尼佛為最上依止,所有藏傳佛教密宗門的初學者,都被教導要深信他們的根本上師與佛無二無別,乃至要求尊奉上師更高於佛。

張執行長進一步表示,佛教的佛是本師 釋迦牟尼佛,祂是明心與眼見佛性而成佛;成佛後十號具足——應供、正遍知、明行足、善逝、世間解、無上士、調御丈夫、天人師、佛、世尊。祂是在根本禪定——四禪中成佛,成佛以後,四智圓明——第八識成就大圓鏡智,第七識成就平等性智,第六識成就妙觀察智,前五識成就成所作智。成佛後馬上就能為人說法度眾,凡聽過 世尊說法者,都能得法眼淨(初果解脫)乃至得四果解脫阿羅漢果位;乃至成為後來明心證真如的菩薩眾。

　　張執行長又表示，反觀藏傳佛教密宗所說的法義，號稱能讓人「即身成佛」，而藏傳佛教密宗的「佛」是「雙身佛」，是性交雙方男的成佛，女的也成佛。成佛的過程不是透過四禪，也不是體悟法界實相而成佛，而是男女在淫樂中成就「歡喜雙身佛」。佛經上說女人身有五種障礙：一者、不得作梵天王，二者、帝釋，三者、魔王，四者、轉輪聖王，五者、佛身。既然 佛已說女人身有此五種障礙，如何能「即身成佛」？又說成佛之憑藉是如來藏心中含藏的一切種子的智慧，但藏傳佛教不論是應成派或自續派中觀，全都否定第八識如來藏，而且公然與 佛陀唱反調，公開主張意識是常住不壞心；很明顯的，藏傳佛教密宗的教義內涵，都是他們自己的虛妄想，與真實的佛教根本就是毫不相干。

　　張執行長最後表示，藏傳佛教密宗所成就的佛果及修行的手段、過程，與佛教教主 釋迦牟尼佛所說，完全是兩個不相干的內容；藏傳佛教密宗再怎麼狡辯、夤緣，也不應該將這淫穢的男女把戲，說為「佛教」的修行法門。如果，藏傳佛教自稱是喇嘛教而不是佛教，那麼，他們宣揚什麼淫穢法門，正覺教育基金會根本就不會過問也無權過問。但他們以這種邪淫的邪教法門，欺騙佛教界及社會大眾，說這就是成佛之法門，有正義感的人全都要起而拆穿他們的騙局，佛教

界的大法師們及小法師與所有信徒們，更應該起來反對，將
這種破壞 佛陀正法的外道逐出佛教之外。

系列報導之二

〔真心新聞網採訪組台北報導〕

正覺教育基金會執行長張公僕表示，藏傳佛教所使用的
佛法名相，最初乃是偷盜自佛教的經典，但是藏傳佛教所使
用佛法名相的真實涵意，卻是他們自己另外編造出來的意
思，不是佛法中原來的意思，正是所謂的移花接木。

張執行長進一步表示，佛教中所說的「菩提」，是指「覺
悟」的意思；藏傳佛教則將佛法中說的菩提改說成白菩提（男
性所洩露的精液）、紅菩提（女性行淫後的精血）；「金剛杵」改說
成男人性器官，「蓮花」改說成女人的性器官。將佛教中所說
的「有漏煩惱」、「無漏煩惱」改說成「有洩漏精液」或「沒
有洩漏精液」；將行淫中不洩漏精液的「性高潮」妄說成「即
身成佛」。

張執行長又表示，藏傳佛教所吃的食物中有「五甘露」、
「五肉」。「五甘露」者，是指尿、屎、骨髓、男精、女血；「五
肉」是指狗肉、牛肉、羊肉、象肉以及人肉。佛教的出家眾

是以素食爲主，藏傳佛教僧眾食肉已經是傷害眾生的破戒行爲了，更令人匪夷所思的是，他們竟然還吃「五甘露」；縱使將五甘露製造成藥丸的形狀，但是成分仍然不離尿、屎、骨髓、男精、女血混合所成。藏傳佛教的達賴喇嘛、法王、活佛、仁波切、上師是「五甘露」、「五肉」的製作人與食用者；眞正佛教的修行，與藏傳佛教這種吃屎、吃尿、吃淫液的邪教行門，完全是風馬牛不相干。

張執行長肯定地表示，從藏傳佛教對佛法名相的解讀與對食物的偏好可以看出，這是個很奇特怪誕的宗教團體；佛教的修行，絕對不可能叫弟子吃屎吞精、吃女人經血，因爲這種行爲與修行無關。所以，只要從粗淺表相、身爲人類的基本法則，就可以清楚地分辨出來，藏傳佛教與佛教是不相同的兩個宗教團體；換句話說，藏傳佛教只是披著佛教外衣的外道，藏傳佛教根本不是佛教。

系列報導之三

〔真心新聞網採訪組台北報導〕

正覺教育基金會執行長張公僕表示，藏傳佛教的修行終極目標就是「無上瑜伽」男女雙身法；所有的大小喇嘛最終都必

須修此課題，這是進入藏傳佛教學法者的宿命。換句話說，只要進了藏傳佛教的門，修「無上瑜伽」男女雙身法，乃是將來必然的結果，不論現在是否已經開始與喇嘛合修雙身法了；因爲藏傳佛教的法義精華，就是要在男女性交之中成就「抱（報）身佛」，而這法門是必須常常與上師喇嘛合修的。

張執行長進一步表示，佛教說清淨無爲，學佛人士必須要遠離愛慾、出離三界、尋求解脫，進而證悟佛菩提，最後以成就如來藏一切種智的佛果爲終極目標。藏傳佛教乃是誇讚性慾，而且要天天精進修「無上瑜伽」男女雙身法；如果沒有天天與異性性交修雙身法，天天長時間住在樂空雙運境界中，則就犯了他們密宗所施設的「三昧耶戒」。又如果男性忍不住洩精了，那就說是犯了大貪，那也是犯「三昧耶戒」。犯了「三昧耶戒」的人，就要下「金剛地獄」。達賴喇嘛的另類說法是，如果洩精了，有能力用「金剛杵」（男性的生殖器）將精液吸回膀胱中，就不算犯戒。

張執行長接著表示，藏傳佛教將「無上瑜伽」男女雙身法當作是每日的修行，乃是密宗祖師們自己的施設而必須天天精進修行雙身法，否則就是犯了密宗自設的「三昧耶戒」；至於密宗說的「金剛地獄」，法界中根本沒有這個地獄。藏傳

佛教的種種事相，都是他們祖師們的虛妄想像；佛世尊可從來沒有如此的施設與要求。

　　張執行長最後語重心長地表示，已經開始修習「無上瑜伽」男女雙身法的喇嘛，其實大可放心，即使是沒有天天行淫，或是根本不行淫了，都不會犯「三昧耶戒」；因為這條戒律根本不是佛的施設，也就是說，金剛地獄根本不存在，而密宗祖師自設的三昧耶戒也沒有法界中的效力，離開密宗或將事實披露出來是在行善、救眾生，有什麼好擔心的呢！所謂下「金剛地獄」的說法，完全是無稽之談；因為，「金剛地獄」根本不存在，怕什麼！？既然，藏傳佛教的無上瑜伽修行方法，都不是佛所教授、佛教中完全沒有這些荒謬法門，那麼，藏傳佛教是佛教嗎？當然不是！

系列報導之四

〔真心新聞網採訪組台北報導〕

　　正覺教育基金會執行長張公僕表示，佛教的佛像是佛陀單尊，或站或坐，每一尊佛頂上都有肉髻，胸前都有一個卍字。藏傳佛教的佛像則成為性器官勃起，每一尊佛像的前面，都抱有一個女人，正在進行男女性交；換句話說，就是男女

交合之雙身像，美其名為「歡喜佛」；另外還有平面的繪畫唐卡，更是千奇百怪，猶如各種春宮照片；更誇張的是，中間還夾雜著動物，顯示出人與動物的交配，連人獸交都上場了。

張執行長進一步表示，喇嘛的穿著也都是以紅色為主，裡面再夾雜黃色等；與正統佛教僧人的穿著完全不相同。也許藏傳佛教人士會說，不能因為服裝的不同，而否定了藏傳佛教；他們這樣子說好像有那麼一點兒道理，但是為什麼只要穿上這種服裝的喇嘛，都必須修「無上瑜伽」男女雙身法，一定要和女人來上很多腿，才能「即身成佛」？可見得，只要穿上這種服裝的喇嘛，就是道道地地的喇嘛教，已經不是佛教了！

張執行長表示，藏傳佛教的傳法人員，不叫法師，而稱呼為喇嘛、法王、活佛、仁波切、上師，達賴喇嘛更是政教合一的領導人；出家僧人參與或掌控政治，都已經違背了 佛所制定的戒律：「出家人不得參予世俗政治」。再說，一個醉心於政治鬥爭的人，譬如達賴一生從事政治鬥爭及合縱連橫等，暗地裡還幹了許多見不得人的勾當，還能夠修行嗎？不合法的政治事務乃複雜萬端，一定會為了爭權而傷生害命；出家人掌控政權，與政敵爭長鬥短，不是你死就是我活，根

本不適合修行！佛規定了出家人不與政治掛鉤的戒條，乃為了遠離是非；但藏傳佛教反而要求僧人去掌控政權，而且還想要依據他們自創的《時輪經》的實行，達到統治全球的任務，完全與 佛的教導反其道而行，這樣性質完全不同的兩個宗教會是一樣的嗎？當然不是！所以藏傳佛教不是佛教。

張執行長表示，既然藏傳佛教根本與佛教完完全全的大不相同，那麼，藏傳佛教又何必苦苦相逼而大力貶抑正統佛教，何必一定要說自己是「佛教」來騙外行人？這種「司馬昭之心」的作法，內行人都知道是為了名聞與利養，假借佛教出家人清淨的表相，來營取世俗五欲法的內在；可惜絕大部分的民眾，並不知道藏傳佛教的居心。換句話說，真心想學習佛法的人，不小心與藏傳佛教沾上了邊，就很可能有人財二失的危機，而且也會追隨喇嘛們共造惡業，後世得要自己承受極大苦痛，喇嘛們後世自己受苦都來不及了，絕不可能來為追隨者分擔苦果的。

系列報導之五

〔真心新聞網採訪組台北報導〕

正覺教育基金會執行長張公僕表示，藏傳佛教是以《密續》作為傳法中心思想，而不是用佛所教授的經典。《密續》

都是藏傳佛教祖師們所自創的密教典籍，也就是說，他們是重視祖師爺而忽視本師 釋迦牟尼佛。既然自稱是「佛教」，卻不重視教主的法教，單只遵循密宗裡的根本上師的邪門教法，竟然還自稱爲佛教而不稱爲喇嘛教或上師教，這不是很奇怪嗎？這其中當然是有很重要的原因。

張執行長進一步表示，佛教有五乘佛教——人乘、天乘、聲聞乘、緣覺乘、菩薩乘（佛乘）。佛教的解脫乘就是三乘菩提——聲聞乘、緣覺乘、菩薩乘（佛乘）。聲聞乘、緣覺乘乃是教導人如何解脫生死輪迴之苦，菩薩乘（佛乘）則是教導人如何開智慧、成就佛道。二乘的解脫生死，必須要離欲，遠離世間的五欲，當然也包括了男女欲求，才能脫離欲界境界的繫縛；進而教導世間一切都是無常，因爲是無常所以是苦，因爲一切都沒有眞實不變的我，連我們的意識覺知心也是暫時而有的虛妄法。二乘解脫道的教法正是藏傳佛教「無上瑜伽」男女雙身法的致命傷，因爲藏傳佛教所講求的雙身法，著重在男女性交的實修，以增強男女欲貪的飢渴來修行，落入欲界愛之中，無法脫離欲界生死，何況脫離三界生死。這就是藏傳佛教根本不談《阿含經》二乘解脫道的原因，因爲佛教《阿含經》等一千多部經典中，所談的都是離欲得解脫；而藏傳佛教所談

的都是要縱欲，不能一日離開男女性交，以修行「無上瑜伽」男女雙身法的邪門教義作為修行的根本教義。

張執行長懇切地表示，既然佛教與藏傳佛教兩個宗教團體所用的典籍完全不相同，所實修的法門也完全不同，那麼藏傳佛教不是佛教的事實，已經很明顯的擺在眼前，喇嘛們都無法據理爭論或辯論。然而藏傳「佛教」就是喇嘛教的事實，很多人不是很清楚，總認為藏傳「佛教」的名稱中也有「佛教」兩個字，應該就是佛教的一支。但是藏傳佛教的所有喇嘛，專找女人修「無上瑜伽」，出了「性侵」事件後就一走了之；一般人就會將「喇嘛性侵」的事實，怪罪到佛教僧侶身上，把這些外道喇嘛所造的惡業全都算在正統佛教僧侶身上，這就有欠公平了。所以，正覺教育基金會之所以會出來澄清藏傳佛教根本不是佛教的種種事實，維護正統佛教僧侶的清白，是有根據也是有必要的。

系列報導之六

〔真心新聞網採訪組台北報導〕

正覺教育基金會執行長張公僕表示，「無上瑜伽」男女雙身法是藏傳佛教密宗最終極的修行目標，所以藏傳佛教是一

個自始至終永遠不能離開男女性交雜交的宗教團體；一旦加入了藏傳佛教，想求得解脫三界生死的實證，就成為遙不可及的事，更別說要成佛了。

佛教講求解脫與佛菩提內明的智慧，一方面要遠離三界的束縛，也要修學佛菩提的智慧；所以將此能導致輪迴的男女情慾關係視為毒蛇，遠離它都來不及了，哪有可能一輩子抓著不放？還說要盡未來際男女交抱樂空雙運。

張執行長表示，藏傳佛教密宗所引以為傲的，就是「無上瑜伽」男女雙身法的忍住不洩的功夫，或者射精後重新吸回的功夫。依藏傳佛教自己的規定，要從小就開始練習這種床上功夫，還沒練成則不被允許修習「無上瑜伽」；因為很容易「漏」（洩精）。話說回來，那些被允許實修「無上瑜伽」的喇嘛，真的都能夠「無漏」嗎？那可不見得！想想那些接受密宗灌頂的弟子，所服食的甘露「菩提」從那裡來？那些「紅白菩提」，不就是上師和「明妃」行淫後的「產品」嗎？而且還有不少喇嘛不慎生下孩子，那又怎麼說呢？

張執行長繼續表示，藏傳佛教密宗將「蓮花」（女人的性器官）視為很重要的修行工具，修行必須要「杵蓮合體」。既然「金剛杵(男性性器官)」必須要「蓮花」的配合才能修行，那

麼，藏傳佛教密宗修行有成就的喇嘛，就得終其一生隨時隨地找尋年輕女子的「蓮花」。唯有在年老衰敗之時，已經「力難從心」，才是「無上瑜伽」終結之時；但這又表示藏傳佛教的無上瑜伽不是常住法，因為不是像如來藏金剛心一樣常住而且遍一切時都存在，就是無常的生滅法。

　　最後張執行長表示，這種以「金剛杵蓮」行騙天下的藏傳佛教密宗——喇嘛教，有許多人仍然不知道它的本質，所以相信它是佛教。大家都知道「午夜牛郎」是一種職業，只不過「午夜牛郎」不會自稱那是在修行佛道，光顧午夜牛郎的貴婦或風塵女郎們，也都知道那不是佛法的修行，與佛教無關，不是打著別人的旗號進行欺騙，正覺基金會就管不著。假使有人以男女雙身法自稱是成就基督教的上帝境界，騙人說是最高級的基督教成就者，那麼正覺基金會就一定要出面加以破斥，因為那已是冒牌基督教了。同理，藏傳佛教的「見、修、行、果」的內容，都是依自己的雙身法來定義，全都與佛教的理論、行門、實證無關，卻自稱是佛教，還說是比正統佛教更高級的佛教，這是指鹿為馬而且是冒牌佛教；在注重取締仿冒品的現代，一樣是不可容忍的；所以，真正說起來，午夜牛郎比起藏傳佛教密宗的喇嘛們，那可是誠實多了，

因為他們同樣也是樂空雙運（同樣知道樂觸空無形色，也知道如何是樂觸保持更久），但他們從來不曾自稱是藏傳佛教。

系列報導之七

〔真心新聞網採訪組台北報導〕

正覺教育基金會執行長張公僕表示，藏傳佛教密宗的達賴喇嘛和諸法王、活佛、仁波切、上師，他們都食用「五甘露」、「五肉」；喇嘛們為了增強修習「無上瑜伽」男女雙身法的精力，所以吃眾生肉就視為理所當然。這種行徑與佛教出家人的清淨素食，有著天壤之別。

張執行長進一步表示，喇嘛吃肉已經不是新聞，服食五甘露則較少被報導。五甘露是指屎、尿、骨髓、男精、女血；通常五甘露會被做成藥丸狀的甘露丸，縱使製造成藥丸模樣，想起來也令人不舒服，覺得好噁心。

藏傳佛教密宗信徒服食「五甘露」、「五肉」是自古存在的一種「傳統」，藏傳佛教密宗中的每個高層喇嘛，都深知「五甘露」、「五肉」的內幕，也知道藏傳佛教密宗的修行法門就是「無上瑜伽」男女雙身法，卻刻意將這些內容對信徒隱瞞，確實有欠厚道。

張執行長接著表示，現代人吃肉、喝酒、性交的轟趴，

這是世俗凡夫的行為；如果佛教團體有如此行徑，那就違背了清淨佛教的戒律了。在台灣修習「無上瑜伽」男女雙身法，最後還可能被以「性侵」的罪名挨告。如果要吃肉喝酒，還想要擁有世俗人的男女性關係，那乾脆就不要出家，以免玷污了佛門；何況還自欺欺人地說性交就是在修行，讓人誤以為佛教的出家人是如此淫惡，這不是害人害己而誣陷所有佛教出家人於不義，令所有佛教出家人蒙羞嗎？

張執行長語重心長地表示，藏傳佛教密宗的喇嘛由於信受密宗教義，以為天天修「無上瑜伽」男女雙身法是一種高尚的修行；加上從小就被洗腦：如果不能天天與女弟子行淫樂空雙運，就是犯了「三昧耶戒」，就要下「金剛地獄」。所以，藏傳佛教密宗的喇嘛們認為常常吃肉、每天性交，是天經地義的正常事。藏傳佛教密宗這樣的教義內涵與行門，根本與佛教天差地別，怎麼會和佛教扯上關係，實在令人費解。

系列報導之八

〔真心新聞網採訪組台北報導〕

正覺教育基金會執行長張公僕表示，藏傳佛教密宗在其《密續》「那洛六法」中，談到供佛的供品，竟然是「花（女性生殖器）」、「酒」、「媾合（男女性交）」、「寶之物（淫液）」；這

裡所說的「花」是指「蓮花」，是指女性的性器官。佛教中所用的供佛物品應該是鮮花和素果等清淨的物品，不曾聽聞用女人的性器官、男女媾合來供佛。

更令人不解的還要喝酒、吃男女行淫後的淫液；喝酒已經違犯了五戒中的酒戒，是 釋迦佛所傳授的根本戒，怎麼可以拿來供佛？出家人與女弟子行淫已經地獄罪，還要吃男女行淫後的淫液，想起來都覺得噁心，何況是供佛！和女人在佛前行淫而說是以快樂供佛，這像話嗎？

佛教中的供佛物品都不能沾染葷腥和血食，藏傳佛教密宗卻是反其道而行。張執行長表示，佛菩薩乃是大慈大悲，絕對不會食用眾生血肉的，而藏傳佛教密宗的「佛菩薩」卻都喜歡食用血肉，特別是生血生肉；也就是說，藏傳佛教密宗所謂的「佛菩薩」乃是食用血食的羅剎鬼神仿冒，並不是真正的佛菩薩。

張執行長說明，由於藏傳佛教密宗所信奉的是這些兇惡的羅剎鬼神，不是真正的佛菩薩，所以他們公然在大殿上修「無上瑜伽」男女性交雙身法，都認為是在供「佛」，而受供的仿冒佛菩薩等羅剎與夜叉鬼神眾都很歡喜。從這些供品乃至供「佛」的方式來判斷，佛教與藏傳佛教密宗在表相上就

已經有很明顯的差異，只是一般人並不明白藏傳佛教密宗的修行內涵而被矇騙。

最後張執行長表示，藏傳佛教密宗是承襲了以前喇嘛教的行事風格，其供佛的儀軌與供品，都有其獨特性，與正統佛教完全不同。如果社會大眾知道藏傳佛教密宗所供奉的都是羅剎鬼神仿冒的假佛、假菩薩，而不是佛教中的眞正佛菩薩，那麼一定會被佛教徒所唾棄；他們的供養金就會快速地「縮水」，導致名聞利養快速消失。所以他們絕對不能公開這些事情，反而得要完全依附在佛教身上，用力吸食佛教的血液，讓佛教徒看不清楚藏傳佛教密宗的本質，這才是讓人擔憂的地方。

系列報導之九

〔真心新聞網採訪組台北報導〕

正覺教育基金會執行長張公僕表示，藏傳佛教密宗的喇嘛們終其一生，都無法發起初禪的禪定，因爲初禪的發起是以離開男女欲爲前提，而藏傳佛教密宗的「無上瑜伽」修行法門，則是以男女性器官眞刀實槍的「結合」爲前提，欲念淫行不斷而求淫樂遍身，是強烈貪求男女欲的大貪，就不可

能發起初禪。藏傳佛教中也曾說過他們有初禪到四禪的實證，其實一樣是仿冒品，是以藏傳佛教自己的定義來宣稱實證初禪等，並非眞正的初禪或四禪等實證。

　　張執行長進一步表示，佛教中的解脫智慧，包括了二乘（聲聞乘與緣覺乘）的解脫智慧與大乘實證眞如的佛菩提智慧。二乘修行人要解脫三界輪迴生死苦，最主要的關鍵在於要離開欲界；這不但要離開男女欲望，還要離開對於欲界五塵的各種貪愛；但是這種解脫智慧，正是藏傳佛教密宗的罩門。喇嘛們都無法離開男女欲，因爲他們教義的終極目標就是修「無上瑜伽」男女雙身法；既然是主修男女合體性交而必須每天住在樂空雙運，每天都必須求得男女欲的大樂，如何能離欲？而藏傳佛教密宗自稱的離欲，也與佛教說的離欲不同，是把「不射精」宣稱爲已經離欲，而不是佛教說的遠離男女欲。

　　張執行長繼續表示，藏傳佛教密宗的喇嘛們每天都要精進地修「無上瑜伽」男女雙身法，滿腦子都是男女欲念，也都不離男女欲行，如何能夠靜下心來離開男女欲而修禪定乃至發起初禪？從他們修行的方法已經可以判斷出西藏密宗與眞正佛教的不同。喇嘛們的酒肉葷食與佛教的清淨素食更是

115

天差地別，服裝與佛教的出家僧眾也有明顯的不同；只有一樣相同，那就是光頭。總不能說剃了光頭的人都是和尚吧？

　　張執行長語重心長地表示，也許大家已經遺忘「藏傳佛教密宗就是喇嘛教」的事實。為什麼以前叫密宗、藏密、西密、喇嘛教，現在要更改名稱為「藏傳佛教」密宗？因為，台灣善良的佛教信徒特別多。藏傳佛教密宗為了吸取佛教的資源，所以自稱是藏傳佛教而依附在佛教的身上，吸收了大量佛教信徒的供養金錢；再加上藏傳佛教善於運作政治及造勢，在平面媒體、電子媒體，乃至在電影上利用喜愛樂空雙運的西洋明星大肆宣揚，所以民眾就對它產生了好感，錯覺由此滋生。這是今日台灣佛教徒的不幸與悲哀，因為信徒們供養了大批的金錢，所學到的卻是外道邪淫的法；不但今生會帶來家庭破碎與傳染性病，也會為未來世帶來下墮三惡道的不可愛異熟果報。

系列報導之十

〔真心新聞網採訪組台北報導〕

　　正覺教育基金會執行長張公僕表示，藏傳佛教密宗弘法人員的稱呼是上師、仁波切、法王、活佛、喇嘛，達賴也自

稱是喇嘛，這些名稱與佛教中法師的稱呼有顯著的不同；藏傳佛教的宗教結構更與政治相互緊密勾結，達賴喇嘛更是政治與宗教一把抓的人物，跑遍全球從事政治行為，與 佛陀所規定「出家人不涉入政治」的戒律，有顯著的不同。僅僅從這個表相上就可以看出，藏傳佛教密宗根本不是佛教。

張執行長進一步表示，藏傳佛教的修行有層次上的不同；而這種修行的層次，不是指智慧的層次，而是指「無上瑜伽」男女雙身法的層次；沒有受過祕密灌頂的弟子，就沒有資格修習「無上瑜伽」男女雙身法；換句話說，上師、仁波切、法王、活佛、達賴喇嘛這些高層人員，都是「無上瑜伽」男女雙身法的老手。

張執行長又表示，藏傳佛教密宗的上師、仁波切、法王、活佛、達賴喇嘛，這些高層人員所傳的法門，不外乎是以「無上瑜伽」男女雙身法為核心；如果想從這些人身上求得佛教的解脫道與佛菩提道，那根本就是癡心妄想。這批人的傳法方式是祕密傳法，與 佛陀公開傳法明顯不同。所謂的公開傳，是法師在上座說法，信眾在座位上一起聽法；藏傳佛教的祕密傳法則是男「勇父」（喇嘛）與女信徒「佛母」在床上性交的祕密行為；喇嘛「勇父」以「金剛杵」來傳法，女信

徒「佛母」則以「蓮花」配合，傳的法是如何達到最強烈、最長久的淫樂，與佛教的三乘菩提覺悟的內容完全不相干。

　　最後張執行長表示，上師、仁波切、法王、活佛、達賴喇嘛這些高層人員，在公開場合等表面上傳授的是一套，私底下又是另外一套；不論是公開的或私下傳的，全都與佛教三乘菩提的覺悟內容無關。一般的婦女朋友會受騙上當，無非是被他們的稱呼和吹噓出來的假果位給嚇唬住。其實，這批人並沒有佛法上的絲毫修為與證量，他們只是以「金剛杵」來討好女信徒的行淫者，美其名為修「無上瑜伽」樂空雙運。也就是說，藏傳佛教密宗的基本架構即是以「無上瑜伽」男女雙身法為中心，目的是在求得最強烈、最長久的淫樂，並沒有任何的佛法內涵，根本與佛教扯不上任何關係，怎麼可能是佛教！！！

第26篇 藏傳佛教的盜寶法王

〔真心新聞網採訪組台北報導〕

2011年初1月29日國內外媒體普遍報導:「被指為西藏精神領袖達賴喇嘛接班熱門人選的大寶法王噶瑪巴十七世,其在印度北部達蘭薩拉的上密院遭印度警方大舉搜查,被檢獲大筆可疑資金,大寶法王的一名助手亦被警方帶走調查,當地警方稱,搜查行動與一宗涉嫌違法購地案有關。」消息一出所引發社會的關切,更添新的話題,大寶法王儼然成為世間法中的盜寶法王了;但藏傳佛教密宗的大寶法王,其實也都是佛教中的盜寶法王。

《印度快報》引述當地警察總長說,相信該批現金是透過偷運方式入境;調查是得到中央執法部門配合,在達蘭薩拉、德里、昌迪加爾和安巴拉4個城市展開。又據中廣新聞網報導,警方檢獲的這筆資金包括各國貨幣,總數約合76萬5千美元,將近兩千三百萬新台幣。警方懷疑該批現鈔是偷運入境,是準備購買土地的資金。印度警方還說,如果有需要,他們也可能詢問噶瑪巴。目前還不清楚,噶瑪巴的寺廟是否跟這筆非法土地交易有牽連。是否也有政治因素,不得而知,

但已引起印度當地的諸多揣測。

　　正覺基金會執行長張公僕先生表示，所謂「大寶法王」，是藏傳佛教四大教派之一「噶瑪噶舉派」（Karma Kagyu）的領導人噶瑪巴的另一頭銜。歷史上最早實行活佛轉世神話制度的派別，就是噶舉派的噶瑪巴。傳至第五世時成為明成祖的上師。「大寶法王」這個名號即為明成祖所賜，並賜「黑寶冠」，這也成為藏傳佛教噶舉派和漢地宗主政治勢力掛勾的濫觴。[22]

　　藏語中的「噶」字本意指口，而「舉」字則意為傳，故「噶舉派」一詞可理解為口傳宗派；又俗稱「白教」，由馬爾巴創立，承傳至今。噶舉派最核心的修法是「那洛六法」與顯、密兩種大手印的教授，其中尤以大手印教授最為著名。「大手印法」是噶舉派最高的教法，「手」是空性智慧（密教的空性是指在淫樂中保持一念不生，認為淫樂覺受與領受淫樂的覺知心都空無形色而名為空性）的意思，「印」是從輪迴解脫的意思。

　　張執行長補充，那洛六法（Naro's Six Doctrins），又稱為那洛巴六瑜伽（The Six Yogas of Naropa），是無上瑜伽部中，

---

[22]　參見 http://abhisambodhi.pixnet.net/blog/post/18768962
　　（擷取日期：2013/9/5）

由印度祖師那諾巴所傳下的六種重要修鍊方法的合編，是那洛巴綜合了各種印度流行的密續中多種法門而成。馬爾巴的另一個重要傳承是印度的梅紀巴，此人是男女雙修法中著名的弘傳者，噶舉派在藏傳佛教中雖以苦行見稱，但還是離不開雙身法的淫欲修行。例如，噶舉派最有名的祖師密勒日巴，當他離群索居，到深山洞中去閉關修苦行時，還要以其性器插入石縫認為「是雙運相」，或是其它的「單身法手印」（手淫）持續修行，來證成「自己就是大手印」，藉此保持在大手印的證境之中。[23]

　　張執行長指出，現在這位名叫烏金赤列多傑的第十七世噶瑪巴，除了淫修共業之外，顯然還犯了「竊盜」行徑。以一派領導人法王之尊，蒙受印度政府政治庇護，給予其政治難民身分，居然公然違犯其寄居國的法令，偷渡不明資金入境，打算從事不法土地買賣，恩將仇報，視印度國法如無物；其動機、行為確實令人不解與不齒，無怪乎印度媒體捕風捉

---

[23] 參見　維基百科：
http://zh.wikipedia.org/wiki/%E9%82%A3%E6%B4%9B%E5%85%AD%E6%B3%95
參見　http://www.wretch.cc/blog/kc4580455/13348195
（擷取日期：2013/9/5）

影，報導噶瑪巴很可能是「中共派在印度的間諜」。

印度記者顯然是對烏金赤列這種對其流亡寄居的國度，作出「飼老鼠咬布袋」所投射的失望和不滿。烏金本人雖於 5 月 2 日公開對媒體否認是間諜作爲澄清，這位大寶法王雖未被查到「盜取機密」，但是「盜寶」的事實卻是抹滅不去的了。

張執行長進一步指出，甚至連「大寶法王」這個稱謂的本身，也有盜得之嫌。這件事的起因是種種權謀爭競和利益的奪取，連台灣的一位曾參加總統大選、歷任國防部長、監察院長的退休高官也涉事其中，還因此被印度的情報局監控，印度的情報局查明其中牽涉政治、金錢、暴利、黑道等等的行爲以後，就把這位台灣的退休高官列爲拒絕往來戶，拒發簽證不讓他入境印度。此事件影響了後來格舉派的大寶法王鬧出雙胞案。[24]

傳統上黃教格魯派跟噶舉派就是死對頭，那是因爲他們打過戰爭，所以達賴喇嘛是絕對不信任噶瑪噶舉的；所以當達賴從西藏逃亡出來的時候，他們就分兩路逃亡，也就是達

---

[24] 參見 http://jackiexie.blogspot.com/2010/03/blog-post_31.html
參見 http://www.lansirlin.org.tw/Lansirlin-new22/lan16/16-main 19.htm（擷取日期：2013/9/5）

賴喇嘛落腳在印度的達蘭薩拉，噶瑪巴當然不願被他控制，所以十六世大寶法王就落腳於錫金，在錫金建立自己的寺廟，也就是現在錫金的隆德寺，所以各有各的地盤。達賴喇嘛曾經要求十六世大寶法王前來達蘭薩拉拜見，但被婉拒。

其他由西藏出走的仁波切，屬於噶瑪噶舉這一派的就會去投靠大寶法王，因為他們沒有寺廟，沒有地方安住；其中有位創古仁波切（他後來成為台灣名人賴聲川、陳履安等人的師父），他本來是在青海、西康那一帶偏僻地區的小僧人，從來都不是什麼重要的人，可是後來卻被包裝變成一個噶舉派非常重要的仁波切。但這些喇嘛似乎都有「飼老鼠咬布袋」的傳統，創古仁波切受人收留並委以廟祝權利，卻不安其分，想要吃裡扒外鳩佔鵲巢，遂與十六世大寶法王交惡，於是他找了泰錫杜仁波切（格舉派的「四大法王子」之一），希望聯合兩人力量來對抗；然而實際上十六世大寶法王是他們的掌教，其實他們這樣的作法就是背叛師門。

當第十六世大寶法王圓寂以後，創古仁波切又來到台灣，剛好遇到這位正在參與總統大選的退休官員；創古仁波切拉攏他，他就跟創古獻計說：「你最好找到十七世大寶法王，讓他帶著他的那個最有名的黑寶冠來台灣弘法。」這位

總統參選人的用心，不外是要召喚封建迷思的遊魂，塑造「王者必有其帝師」的歷史神話來聯結，讓大家迷醉在「明成祖與黑寶冠」的不切實際遐想中，藉此開拓自己的競選話題和票源而已。

所以他們兩個談好以後，泰錫杜仁波切就決定，無論如何他一定要找一個十七世法王來募款幫助競選，所以他就找到現在的那個烏金次列。再找了人在國外的達賴喇嘛來背書，這位被達賴所承認的烏金次列十七世大寶法王，是當時在這種情況下應急找出來湊和的。接著，夏瑪巴仁波切（另一位「法王子」當時任噶瑪格舉派的代理掌教），也找了他所認定的十七世大寶法王——泰耶多傑仁波切，來分庭抗禮；因為夏瑪巴很清楚地知道認證烏金次列的預言書是偽造的，並且要求泰錫度將預言書拿出來，送給英國公證機構查證，但遭泰錫度拒絕。

張執行長分析，從以上的過程便可知，那些藏傳佛教的活佛、法王的傳承，多是縱橫捭闔，各方角力折衝，或是陰謀篡奪的，哪有什麼神聖莊嚴合理合法可言？以這位烏金法王來說，遴選的過程更是檯面下的交易，臨時急就章而成；雖然後來經中共及達賴認證承認，但是現在寄人籬下，又早

有人以同樣名號分庭抗禮，中國官方還持續向印度政府施壓，要求將這位叛逃的活佛送回西藏，想必這位法王也不怎麼自在吧？[25]

張執行長解釋，「法王」的意思就是能「於諸法得自在」，這位烏金法王從西藏不告而別，背叛了一手栽培他的中國政府而潛遁夜行，自然是在西藏不得自在，才要「盜」走的；可是這位「盜」名鼎鼎的盜寶法王絕沒有想到，從一個地方逃到另外一個地方，就恰恰落入了達賴喇嘛的陷阱，正好把它當作傀儡給挾持住。對外，所有的人都會講說，達賴喇嘛走了以後，有一個繼任者就是十七世大寶法王；其實達賴喇嘛最痛恨他，所以每次問達賴喇嘛，他絕對絕口不提十七世大寶法王會是他的繼承人；從來沒有這件事，反而西方媒體弄不清楚，一天到晚報導。

目前的情況是烏金次列雖然沒有被印度警方起訴，但是執行長引述網路資料表示：這位始終不自在的法王從西藏逃出來，到印度以後就被達賴喇嘛控制在達蘭薩拉，被當成傀儡控制而沒有辦法出門；周圍都是武裝的警察，在那裡管制監控他，跟身繫囹圄差不多。好幾次想要應國外或是台灣的

---

[25] 同上註。

邀約出國訪問，但是達賴喇嘛不放心烏金遠離。

　　爲了大寶法王要出去的問題，印度政府向達賴喇嘛要求一筆錢，達賴喇嘛卻是一毛都不肯付，達賴正好藉此緣由阻止大寶法王出去。有幾次聽到大寶法王的說詞，他親口說：覺得西藏流亡政府的腐敗貪污，甚至比中國大陸還要嚴重。很多白教內部的人，他們都知道大寶法王在印度其實是被軟禁的；因爲他只是個傀儡，是創古仁波切及泰錫杜仁波切的傀儡，更是達賴的傀儡；他只是一個連自身都不得自在，形同動彈不得的「盜」寶法王。

　　雖然如此，張執行長卻嚴正地指出，這位自身難保的泥菩薩，卻依然在作「大盜」，隔著萬里之外，他還在藉由盲目歸依他的台灣本地漢傳佛教法師，在盜取台灣善男信女的法身慧命和供養的金錢。他的徒弟藉著電視弘法在傳播噶舉派錯誤的知見，行銷烏金列次被刻意包裝的個人形象，大搞個人崇拜；居然能以這種「傀儡的傀儡」的方式，繼續詐取台灣信眾的盲目崇拜和大筆金錢。這些儼然認賊作父的徒子徒孫，何啻是盜寶法王座下的盜寶弄臣、盜寶鷹犬？

　　張執行長總結話題，藏傳佛教各派高層都一樣腐敗而內鬥，並在其寄居國從事種種不法活動；僅從大寶法王身涉的

種種盜行，便能窺見端倪。信眾還能盲信這些盜寶的法王、仁波切有什麼修行證量或「法力」，可以度眾生嗎？還願將大把的錢鈔捧到他們手中去作派系鬥爭或是私人的揮霍嗎？張執行長表示，正覺教育基金會提醒大眾，當藉此反思，不應再對性侵台灣婦女的藏傳佛教作無謂的捐獻或是供養，以免善心反而成就造惡的共業。

第27篇 藏傳佛教中舔著血哭耗子的貓

〔真心新聞網採訪組台北報導〕

頂著諾貝爾和平獎得主和藏傳佛教精神領袖的光環，流亡在印度卻不停地到世界各國趴趴走的達賴喇嘛，一向用「慈悲與智慧」自我包裝；不但 2001 年第二次來台「弘法」時，將該次行程定名爲「慈悲與智慧之旅」；2003 年到日本訪問時，還更以〈慈悲的力量〉爲題，發表演講大放厥詞，一時間頗令不明就裡的人士，誤以爲達賴眞有慈悲的心量和價值觀念。

正覺教育基金會執行長張公僕先生便指出，藏傳佛教刻意塑造形象的背後，反而是猙獰噬血的本質；達賴喇嘛從來就不是個懂得慈悲，或是表現出慈悲的角色；相反的，他非但有殘忍無情的一面，甚至是許多暴力血腥事件幕後的黑手；只是西方媒體向來慣寵偏執，將心中的香格里拉夢想，硬套在達賴喇嘛的頭上；而達賴也樂得對號入座，所以西方傳播媒體每每盡力配合達賴宣傳機構，蓄意的編導演出；但眞實的情況是，表裡之間完全不是同一回事。

張執行長翻開財團法人達賴喇嘛西藏宗教基金會印贈的

小冊子《西藏與西藏佛法》，裡面正是達賴 2003 年在日本演講〈慈悲的力量〉的文稿[26]，指出其中第 15 頁到第 18 頁，達賴大談 2001 年紐約和華盛頓的「911 事件」，指責恐怖分子「有兇殘的心思」，並有意無意談到：「極大的決心和衝動」、「深思和精密的計算」、「數月、甚至數年縝密的計畫」；又談到他參觀廣島原爆紀念館，提起已經超過一甲子的往事，強調「立即被那種慘狀嚇住」、「毛骨悚然」、「驚愕不已」。張執行長質疑，這哪裡像是在以一位宗教領袖的高度在談慈悲？其實這根本是對著美國以及日本民眾瘡疤上撒鹽，故意挑動他們傷口的神經；並且是暗掀仇恨，劃分敵我，伺機表態自己站在美、日民眾這一邊來爭取認同。

　　張執行長進一步指出，這一招分明是達賴「貓哭耗子假慈悲」的表演；日本人該不會忘了，戰後他們國內所發生的最大的恐怖攻擊——1995 年 3 月 20 日在東京地鐵車站發動「沙林毒氣攻擊事件」；主事者奧姆真理教教主麻原彰晃固然是一個宗教狂熱分子，但是最早以大乘佛教作為教義核心，以自我犧牲、慈悲為懷為原則，以非暴力為信條；直至 1987

---

[26] 詳見《西藏與西藏佛法》口袋書，財團法人賴喇嘛西藏宗教基金會印贈，1998.9 初版，頁 15－18。

年 2 月，他來到印度見到了十四世達賴，達賴往訪日本時也
爲麻原「祝福」，兩人建立了師徒關係，麻原成爲達賴最大的
施主之一，麻原也藉此得到了藏傳佛教弘法者的角色；從此
之後，奧姆眞理教的宗教儀式是完全按照喇嘛教制定的。而
麻原的行爲準則也從早期的大乘佛教道德觀（慈悲爲懷等等）
一轉而變爲德國學者特利蒙地（Trimondi）所指出的喇嘛教的
「翻轉法則」，任何違反社會常理和法律的犯罪行爲都不再是
禁忌。麻原寫道：「最壞的事，轉換變成最好的事，這就是密
宗的思想方法。」因此麻原不惜犯下震驚世界的毒氣殺人事
件。[27]

　　執行長指出，更有甚者，麻原彰晃和其手下還努力發展
各種生化武器、雷射武器、電磁武器以及製造 AK-47 步槍等
傳統武器，爲的就是藏傳佛教祖師預言中的「香巴拉的最後
一戰」，想要以血腥手段而使藏傳佛教完全統治世界。執行長
反問：達賴喇嘛對日本人大談「慈悲的力量」的同時，爲什
麼不提時日較近的，其日本的代表高徒麻原彰晃呢？執行長

---

[27] 參見 http://www.a202.idv.tw/a202-big5/Book6002/Book6002-0-
15.htm（擷取日期：2013/9/5）
參見 維基百科：http://zh.wikipedia.org/wiki/%E9%BA%BB%E5
%8E%9F%E5%BD%B0%E6%99%83（擷取日期：2013/9/5）

引述了特利蒙地先生的見解：達賴喇嘛與麻原彰晃實際上是擔任了同一本質的兩個不同角色；一個扮演了「大慈大悲的觀世音菩薩」，一個則扮演「佛祖」的凶神化體——地獄之神 Yama 閻摩。一個是光明面，一個是陰影，然而兩者卻是同一軀體。這種角色分工，在藏傳佛教中不僅不是偶然的，而且是必要的。達賴喇嘛只有將他本身內在的暴虐本質轉移到凶神 Heruka 憤怒本尊身上，才能使自己成為「光輝的觀世音菩薩」。執行長詮釋，所謂「慈悲的力量」就是學生麻原以「力量」鋪路，老師達賴再在硝煙血漬後現身，反向去收割「慈悲」的形象。[28]

張執行長另外舉證，2001 年達賴第二次來台訪問期間，曾有藏傳佛教的信眾提問，達賴勸別人不要依止雄天護法神（與達賴同為格魯派中內部保守派所信仰的守護惡神）有什麼理由？會不會與宗教自由產生衝突？等問題。[29] 達賴除了當場承認自己以前也依止過雄天之外，也即席引據藏傳佛教歷史和其內部的政爭、矛盾，判定雄天是以邪願而投生的厲鬼，把在

---

[28] 同上註。

[29] 詳見《2001 慈悲與智慧之旅—達賴喇嘛二度蒞台弘法內容彙編》，財團法人達賴喇嘛西藏宗教基金會編印，2003.10 印贈，頁 101–103。

印度發生的藏人打殺事件推給雄天信徒，並且當場要求聽眾中若有依止雄天的人就不要再來了。執行長引用《西藏文化談》[30] 一書所述來表示，事實上是達蘭薩拉的政治決定往往依靠占星、問卜甚至是護法神「神靈附體」於喇嘛身上傳達神的主意。這種迷信的情況就和太平天國楊秀清假借「天父附身」一樣，也是少數「高層」爭權內鬥，搶奪政教發言權的花招；歷任被附身的喇嘛們，最後多半被控以假附身的罪名而入獄；而雄天護法神的最大的信眾，就是達賴喇嘛的親教師——赤絳活佛。

有格魯派的另一支護法邪神，曾放言雄天信徒要謀害達賴喇嘛，因此造成衝突；於是 1996 年 3 月 30 日，在親教師赤絳活佛過世之後，達賴政府正式下令禁止雄天崇拜，達賴手下挨家挨戶地搜查雄天崇拜者，將其祭壇全部搗毀，蒙面的打手在外道處毆打雄天崇拜者；接著還有一連串的禁制、

---

[30] 耶律大石譯，《西藏文化談》〈雄天事件〉，財團法人正覺教育基金會出版，2008.3 初版，頁 106－119。
編案：《西藏文化談》主要內容節譯自：特利蒙地（Trimondi），《達賴喇嘛的陰暗面：藏傳佛教的雙修、巫術與政治》（Der Schatten des Dalai Lama: Sexualität, Magie und Politik im tibetischen Buddhismus），Patmos 出版社，德國 Düsseldorf，1999 年，第 1 版。

開除、恫嚇、謀殺等行動，造成二派人馬互相武鬥。最血腥的事件是 1997 年 2 月 4 日一位達賴的親信，雄天的反對者，也是辦經學院的院長羅桑嘉措和他兩個學生在達賴居所附近，被人割喉、吸血、然後扒皮，整個「人祭」行動在一小時內完成；這就是達賴在演講會上答問現場，推說與雄天組織有關的案件。但是雄天信徒卻認為謀殺和人祭根本是達賴手下人幹的，事後再以偽證栽贓嫁禍；德國《晨星雜誌》還特別為此發聲，請達賴喇嘛不要再迫害雄天的信徒了，也曾以封面故事特別報導達賴喇嘛迫害雄天信徒的情形（原 Stern 雜誌《晨星雜誌》已於 2011 年將中文名稱改為「亮點」雜誌）[31]。無論是哪一方的說詞對或錯，這都證明了西藏流亡政權大聲宣揚的「民主」、「人權」、「宗教自由」，全都只是個大晃子，專門晃點那些迷信香格里拉的信眾。

　　張執行長指出，藏傳佛教各派，以及其流亡政府高層之

---

[31] Tilman Müller, Janis Vougioukas 合撰，〈光明形象的黑暗面〉（Lichtgestalt mit Schattenseiten），《亮點雜誌》（Stern），Gruner + Jahr AG & Co. KG（德國），2009.7.30，頁 26-39。

德文全文參見：

http://dl.dropboxusercontent.com/u/714713/STERN-30-07-2009.pdf

（擷取日期：2013/11/17）

間的政治勢力內鬥極其凶險而血腥；達賴為求自保並希求自我鞏固，不惜對內壓制人民，並推翻自身早年信仰的雄天護法，犧牲或坐視其親信慘死，行肅清異己之實。其對內手段比起二戰前的極權政府實有過之而無不及，對外則輸出恐怖暴力（如痲原彰晃眞理教所爲），何曾有慈悲可言？只不過他一直慣以僞善的面目來包裝，以爭取在媒體曝光；世人往往不察而被虛僞的包裝所誤導，還一味在其眾多光環下盲目崇拜。

　　張執行長表示，根據一位在西藏、尼泊爾、印度等地多年生活和工作的經驗者，以及對達賴喇嘛及其流亡政府所在地達蘭薩拉爲期 3 年之久的考察研究，來自德國巴伐利亞的科林·高爾德納先生發現，達賴喇嘛嘴中的西藏純屬虛構和宣傳，與眞實相距甚遠，他的結論是：達賴是一位包裝得像一位聖人的僞善者。高爾德納感嘆：「儘管長時間來對達賴的批評不斷，但是他在世界上所享有的，跨政治和跨世界觀的聲望絲毫未被打破；他還是一如既往地被看作是和平、寬容和沉浸在無邊智慧中而泰然自若的象徵。無論達賴的言論是多麼的陳詞濫調，都會被當作是看透紅塵的表現。這種對達賴喇嘛的完美化，完全是一種虛幻的印象，是基

於對事實利害的一無所知。」[32]

　　張執行長表示：「他山之石，可以攻錯」，歐美睿智理性觀察家的研究分析，倒是可以點醒尚在盲目崇拜中的藏傳佛教信眾，不妨多方求瞭解，以看穿達賴虛僞的外包裝，直透他兇殘的本質；不要聽到誰在哭耗子，就以爲那是一隻慈悲的貓；哭得越大聲，就越令人同情。我們更要看到牠嘴角的觸鬚上還沾著耗子的鮮血呢。

---

[32] 參見　http://www.wretch.cc/blog/kc4580455/13439377（擷取日期：2013/9/5）

第28篇 藏傳佛教喇嘛淫人妻女 騙人說是佛法的修行

〔真心新聞網採訪組台北報導〕

正覺教育基金會於台北市承德路 3 段的大樓，面對圓山捷運站的外牆，懸掛了一片大型的 LED 看板，不斷打出「喇嘛淫人妻女騙人說是佛法的修行」字樣，讓來往圓山捷運站的旅客，掀起一片討論的熱潮。

正覺教育基金會執行長張公僕表示：由於內政部依憲法需保障宗教自由，有關宗教教義、儀式或修行都需予以尊重；但因為內政部並不知道藏傳佛教的教義是邪惡的，誤以為是佛教中的許多宗派之一，所以仿冒佛教的藏傳佛教也被一體看待、同樣尊重。因此，正覺教育基金會從維護社會善良風俗、減少宗教性侵案件、關懷社會的角度，呼籲大眾應該正視：藏傳佛教口說「佛法修行」，但卻「淫人妻女」；他們的根本教義也是規定喇嘛必須與女信徒常常性交，導致喇嘛常常誘姦或強姦女信徒，具有宗教性侵之實。這種心口不一的根本教義主張，不僅是嚴重破壞佛法「不邪淫」的基本戒律，更讓台灣女性同胞生活在對於那些「淫人妻女假修行」的喇

嘛狼爪恐懼之下。憲法保障人民有免於恐懼及宗教信仰之自由，兩者間的平衡點就在於「邪教的定義」；但現在社會及政府主管機關對藏傳佛教是仿冒佛教而非佛教的事實，以及藏傳佛教的教義屬於邪教的事實，仍然無所知或所知仍然不足，因此仍然給予一體保障，間接助長了喇嘛性侵台灣女性的機會。正覺教育基金會，希望能喚起政府相關單位，及社會大眾對此邪教教義議題的關心，讓邪教能夠逐漸離開台灣社會，實現憲法保障人民，有免於恐懼的自由與宗教自由的目標。

　　張執行長更表示：爲了想要對淫人妻女的惡行加以合法化，藏傳佛教的喇嘛往往舉出《華嚴經》裡婆須蜜多菩薩的密行爲例，意圖合理化淫人妻女的惡行，然而《華嚴經》中所記載的婆須蜜多菩薩，她住的是豪宅，還有數不清的眷屬；口說大乘佛法之時，不僅讓聽者感受到她身上散發出智慧光明，進而親證大乘佛法所說的實相心——如來藏；她本身又莊嚴無比，讓人一見之下，自慚形穢而心中不敢生起絲毫淫念，這樣一位集財富、佛法智慧光明、莊嚴、威德於一身的菩薩，有時遇到特別「貪淫」的有緣眾生，必須使用親吻或擁抱等方法，來攝受這些「貪淫」眾生接受佛法的教化，所

教導的並不是雙身法，而是親證萬法本源的第八識如來藏離見聞覺知境界，與藏傳佛教雙身法所證的具足六塵覺知的淫樂內涵，根本是兩回事。

張執行長接著表示：《華嚴經》中婆須蜜多菩薩這種有智、有福、有莊嚴威德的攝受眾生方式，對比藏傳佛教中那些還需要信徒供養，才能活下去的貧困喇嘛（無福）；又行淫人妻女、觸犯世間法律破戒惡行喇嘛（無智）；還要透過廣告的誇大不實手法，宣傳藏傳佛教密續種種虛假的「不可思議」神蹟，才能吸引到一些不明究裡的信徒，前來供養的無德喇嘛（無莊嚴威德）；這類無福、無智，也沒有絲毫莊嚴可說，猶如乞兒的喇嘛，相比於《華嚴經》中福、智、威德莊嚴具足的婆須蜜多菩薩，兩者間如同地與天之間的差異。猶如乞兒的喇嘛，卻舉出婆須蜜多菩薩的密行，為自己淫人妻女破戒犯法惡行辯護，這不正是再次證明喇嘛的無智無德嗎？

張執行長最後表示：淫人妻女的惡行，已經是妨害風化罪、妨害家庭罪及通姦罪，連世間法律都不容許了；佛法中的基本五戒更有「不邪淫」的規定，喇嘛教這種邪教教義怎麼可以強辯是「佛法修行」？近年來，藏傳佛教的喇嘛性侵案例中，都指出一個事實：「藏傳佛教的喇嘛淫人妻女，卻

騙人說是佛法的修行」，憲法在保障人民有宗教自由的同時，對於藏傳佛教這類專門「淫人妻女」違背民法、刑法的宗教，是否符合憲法宗教自由所保障的範圍？政府及社會大眾應當深思：放任「淫人妻女」宗教的存在你我周遭，是否可以援用憲法保障的宗教信仰自由的條文？希望台灣社會，能對「邪教定義」議題有所關切，讓台灣人民能在宗教與免於恐懼的自由兩者間，取得一個真正的平衡點。

第29篇 藏傳佛教的外圍組織
——《廣論》團體是常見外道

〔真心新聞網採訪組台北報導〕

藏傳佛教自 1980 年代傳入台灣以來，雖在各地成立不少「佛學中心」，但基本上都還是由印度、不丹、尼泊爾等地入境的西藏流亡喇嘛主持，弘傳上有其限制。然而到了 1986 年以後，已故的新竹鳳山寺日常法師主動到達蘭薩拉「求法」，在得到達賴喇嘛的授意和默契之下，回台開始大肆弘傳《廣論》，成為近代以來，漢僧在台灣弘傳《廣論》之最重要者。

由於日常法師懂得由「教育」系統滲入，針對各級政府官員、高級知識分子和國中、小學教師與校長廣開「廣論研習班」和短期「心靈成長營」，一時好奇者蜂從，蔚為風氣；這種現象的誇張，就連許多藏籍喇嘛來到台灣，看到那麼多普通的民眾參與《菩提道次第廣論》研討班，都認為相當不可思議。

《廣論》是《菩提道次第廣論》的簡稱，此書為達賴的祖師爺宗喀巴所著，他意欲以這一本書來總攝佛經三藏十二部要義，釋印順即是將此書略抄而寫作《成佛之道》。全書結

構分成五個部分，除了「道前基礎」之外，由淺而深按「下
士道」「中士道」「上士道」所謂「三士道」來鋪陳，可是到
其「上士道」的六波羅蜜時開始語焉不詳，只說了前四波羅
蜜，而逕把「禪定波羅蜜」、「般若波羅蜜」抽離出來，作為
「別學後二波羅蜜多」，草草歸結於自創而非佛法的雙身法
「止觀論」。

若以內容來看，《廣論》其實是雜亂而多謬誤的；因為宗
喀巴不明瞭 佛陀三轉法輪的「菩提道」，於是乃以他所崇信
的阿底峽的《菩提道燈論》，作為他立論的主要依據，再大量
剪貼、引用經論，尤其是引用了很多 彌勒菩薩的《現觀莊嚴
論》，然後用自己的誤解去闡述。

宗喀巴以為：能懂得親近善知識、念死無常、畏懼三惡
塗到離苦、歸依三寶深信業果、勤修十善業道，滅除十不善
業，這就是「下士道」。正覺教育基金會張公僕執行長指出，
這在 佛陀「五乘佛法」（人乘、天乘、聲聞乘、緣覺乘、菩薩乘）
的教化中，只屬於人、天善法，與解脫法的「菩提」無涉，
只不過是後面三乘菩提的前方便罷了；僅看宗喀巴「三士道」
的劃分，竟然把仍在生死沈淪的人天善法列入正修次第，就
可以知道，他實在是不懂什麼叫作「菩提道」的，卻敢大膽

寫出《菩提道》來，而且還大放厥辭解說了菩提道的次第而加以廣論。

　　宗喀巴的「中士道」呢，則是闡揚二乘（聲聞、緣覺）的解脫道，思惟輪迴過患而心生厭離，希望「不起種種因，斷絕種種果」，而遠離生死輪迴而得解脫。張執行長表示，這樣子的分類看似正確，然而解脫果的證得，是要藉著觀行五蘊的「無常、苦、空、無我」，或是逆、順觀十因緣、十二因緣，證知五陰六識為虛妄，斷除「薩迦耶見」證得小乘初果，繼而漸斷我執、我所執等煩惱而次第證得解脫，而不是以「石頭壓草」的方式，起心斷煩惱、或是坐令心不起，而自稱能證得解脫，那只是一種妄想而已。而且，宗喀巴還主張意識常住，把生滅而只能存在一世的意識心，認定為常住心，與解脫道的正理違背，可見他是不懂二乘解脫道的。

　　宗喀巴認為「上士道」的修習，必須以大悲心而生出大菩提心，並且啟動六度四攝的大修行，但是真正入道的關鍵，是在於「止觀」的成果。為了幫助領悟「止觀」的正確意義，「戒」就變成非常重要，是要拚命防護的；然後要能「無我」、「出離」，最後還要和善知識「心心相印」，才有可能成為宗師，承擔如來事業。執行長表示，如果宗喀巴的「上士道」

指的是大乘，那麼大乘「眞正入道的關鍵」，是在證悟法界實相，從而才能有大菩提心的實證與發起，而以六度波羅蜜爲修行道，並不是像宗喀巴所說，以見聞覺知心作種種止觀而能證得。並且，宗喀巴還把佛菩提道見道所證的第八識徹底否定，還說他懂得佛菩提道，眞是諷刺。

何況宗喀巴在《菩提道次第廣論》中所說的菩提道，僅僅止於小乘聲聞的止觀，這是遠劣於菩薩的大乘止觀；將解脫道的止觀當作是佛菩提道的止觀，完全沒有講到佛菩提道的止觀，這是宗喀巴的一大錯誤。更何況他還嚴重誤會小乘聲聞法而說爲佛菩提道的止觀。不僅如此，他所說的止觀，不但不是趣向五蘊集滅的二乘解脫道止觀法，反而是偷偷指向雙身法的「樂空雙運」境界，爲未來進入無上瑜伽修男女性交雙身法作準備。

宗喀巴的《廣論》三士道統統說錯了，「止觀」又另有所圖而錯得離譜。所以會這樣，乃是因爲《廣論》所依的宗見，乃是常見外道六識論的邪見。

佛法已經有「聲聞菩提、緣覺菩提、佛菩薩菩提」的三乘菩提，這就是 釋迦牟尼佛說的三士道了；在實修中，下士道聲聞小乘有四果的位階，中士道中乘有緣覺和獨覺的果

位；作爲上士道的大乘，則有五十二菩薩的階位，次第井然條條康莊，宗喀巴這個外行人卻來畫蛇添足？最後畫虎不成反類犬。

讀過《法華經》的朋友，一定對於經中「三車喻」不陌生；如果我們藉此典故來說喻，那麼宗喀巴著述《廣論》，就好像大富長者爲了逗引將陷火宅的獨子出離火宅，在門外準備好載滿奇珍寶玩的羊車、鹿車和大白牛車，向兒子喊話時，這個癡頑的兒子卻反而抱著舊損不堪的學步車回應說：「你那個車太普通了，我這裡的車比較高級啊！」這就比冷笑話還令人傻眼了。

宗喀巴的《廣論》說的「菩提道」中沒有菩提，在《眞假邪說》一書中，指出其人之道乃是「糊塗道」；其所謂「三士道」非車非乘，所以亦可名爲「不上道」；其內容毫無章法，遑言「次第」，所以實爲「顛倒道」；曲解佛法義淺狹化、邊見化，非但不能叫作《廣論》，反而是「邪說」。總而言之，宗喀巴的《菩提道次第廣論》，實際上是「**不上道顛倒邪說**」。

張執行長表示，正覺教育基金會多年來默默耕耘，盡力奉獻於社會而努力教育大眾，是「正確的佛法智慧」；基金會印行的數十種免費結緣書，每一本的末後頁，都會附上「佛

菩提二主要道次第概要表」，將三乘菩提之內容、架構，包括分途、銜接、段落、時劫、各位階之名義、主修、所依、待完成之現觀、得成就之功德，解脫、證果……直至圓滿成就究竟佛果，有秩包羅其中；義理深細而賅備，這才是真正的菩提道次第詳論；有心修學 佛陀正法三乘菩提的四眾弟子，宜乎人手一冊、勝解念持，方能對佛法修行的方向、梗概、次第等了然於胸，不會受仿冒佛教的藏傳佛教偽論所誤導，更能於佛法實修中有所依循，逐步邁向真修實證的菩提大道。

最後張執行長向《廣論》的研習者呼籲：菩提道次第廣論是常見外道的六識論邪見，既與菩提道不相應，所學又復將唐捐其功，連斷我見證初果都不可得；若不覺察甚至有可能受人誤導，進修藏傳佛教的錯誤的止觀及雙身法邪見，終至積重難返後悔莫及，勸請立即離開《廣論》，歡迎來到基金會請領各種免費結緣書，認識並實證真正的菩提道次第。

第30篇 藏傳佛教誤了他
他悖佛教誤眾生

〔真心新聞網採訪組台北報導〕

各大新聞媒體普遍報導了一則令人震撼的消息：佛教界頗具盛名的台中聖德禪寺，傳出創辦人聖輪法師，涉嫌猥褻女信徒，地方譁然，廟方對此三緘其口。台中地檢署襄閱主任檢察官吳祚延表示，聖輪法師和一名比丘尼（法號「心麗」），兩人涉及刑法妨害性自主罪，向法官申請羈押獲准。市府民政局長王秋冬說，如果這起醜聞屬實，嚴重傷害寺廟聲譽，要求聖德禪寺作出自清處置。[33]

電視報導詳述二人犯案經過：【佛法山台中「聖德禪寺」創辦人聖輪法師，11月2日涉嫌在禪寺內，以開示名義，對一名35歲女義工伸出鹹豬手，不但擁抱、強吻還襲胸，離譜的是，一名比丘尼，在一旁還拿錄影機全程拍攝，女義工身心受創向警方報案；警方研判被害人不止1人，向

---

[33] 參見 Now news2011.11.7 報導：
http://www.nownews.com/2011/11/07/138-2755565.htm
（擷取日期：2013/9/5）

地檢署聲請搜索寺廟，檢警在禪寺內，查扣 2 大袋光碟和錄影帶，以及情書，雖然聖輪法師和比丘尼都否認猥褻，但2人還是被法官裁定收押禁見。】[34]

　　傳出疑似對女義工猥褻的消息後，聖輪法師創辦的禪寺，鐵門貼出休假的告示，大門深鎖。據禪寺附近的鄰居表示：「之前就有耳聞了啦！只是因為我們沒有證據，我們也不敢亂講；畢竟這種大事，這算很大的事情，我不敢亂講。」其他女義工也說：「我有點怕，電視都報出來。有點怕，所以我過來；又看到門關起來，非同小可。」

　　五分局偵查副隊長施明志，追述扣押嫌犯時的情形表示：「他帶著他的相關的證物，包括硬碟和記憶卡；但是我們在遇到的時候，發現他已經把記憶卡清除、折斷了。」情書錄影帶和光碟的內容，警方不願透露，但被指控猥褻；聖輪法師和比丘尼二人都否認犯行，辯稱是在對女義工開示

[34] TVBS 2011.11.7 報導：
http://tw.news.yahoo.com/%E8%81%96%E8%BC%AA%E6%B3%95
%E5%B8%AB%E9%81%AD%E6%
8E%A7%E7%8C%A5%E8%A4%BB%E7%BE%A9%E5%B7%A5-%
E5%B0%BC%E5%A7%91%E6%94%9D%E5%BD%B1%E6%97%81
%E8%A7%80-031604013.html（擷取日期：2013/9/5）

時，距離比較近才會被誤解；至於擁抱和親嘴也是一種禮貌，事後也傳簡訊向女義工道歉。但檢方在問訊後，還是依妨害性自主罪聲請羈押，法官也認定兩嫌涉嫌重大，裁定羈押禁見。[35]

正覺教育基金會執行長張公僕先生表示，案子中的人證物證都已經現形，恐怕聖輪法師和該名女尼將難以抵賴；這件事對於佛門清譽來說，無疑是莫大的傷害，對佛教界內部來說更是一錘警鐘和重擊。出家比丘及比丘尼聯手作出如此不當舉止，不但身犯國法，違背道德，被社會大眾所不齒；更是身口意都違背佛制戒律，法所難容，令台灣佛教全體四眾信徒難堪不安。

據瞭解聖輪法師，是台東縣卑南鄉人，1950 年出生，大專畢業；從小就下田除草、放牛，練就了一身務農的基礎；長大後到農場、工廠工作，更累積了豐富社會閱歷。據云早年他出家前在一貫道中，經常夢見各路神佛，「觀世音菩薩」、濟公活佛還分別引領他參觀十殿地獄、九重天堂；他醒後決定將夢中栩栩如生的情境陸續描述下來，28 歲時他以「楊生」為筆名撰著《地獄遊記》、《天堂遊記》勸善書籍及畫冊，這

---

[35] 同上註。

兩本善書在宗教界迅速流傳，也有老師、警察用來勸善；流傳到海外後，30年來已在世界各地廣爲流傳，包括日本、泰國、越南、韓國、美國都有翻譯本。

聖輪法師年輕時想當老師，沒想到人生的際遇峰迴路轉，32歲他還沒出家時，已經在台中市興建聖德禪寺擔任住持；44歲時認爲塵緣已了，告別父母家人後，依止世界佛教僧伽會會長悟明長老披剃，並在聖德禪寺出家，法號「聖輪」；除四處講道、渡化勸善外，也經營有機農場，自力更生，後來竟變成宗教界的「心靈導師」。

身爲台中市聖德禪寺開山宗長聖輪法師，目前在全台主持10個道場，並以其務農的專業知識，經營花蓮縣瑞穗等4個有機生態農場；他師法唐朝百丈禪師，鼓勵弟子自力更生，「一日不作、一日不食」，所帶領生產的有機茶在國內外也屢獲大獎，被讚譽爲「佛門茶人」。聖輪法師認爲「佛茶一味」，佛教自古即與茶葉密不可分，「種茶製茶也是一種修行」，他認爲出家、俗家弟子，只要誠心做茶、勿起雜念，就是「禪修」。他種植的「一炮龍」、「一炮紅」，先後贏得台灣有機茶特等獎、中國大陸申奧特等獎等殊榮；今夏還在義大利榮獲IFOAM（國際有機農業運動聯盟）頒發有機農業界諾貝爾

獎——ONE WORLD AWARD（世界有機獎），讓台灣有機產品在國際消費市場嶄露頭角。

由以上的資料看來，這位違犯佛門重戒的的聖輪法師，本不失為一位善根深厚敬信因果，並也純樸自守的農家子弟；甚至後來出家也是一位系出名門，能奉行教戒的精勤法師。執行長指出，壞就壞在聖輪法師道場漸廣領眾日增，自身卻於佛法證解無由，因而心虛情切，乃不惜飲鴆止渴，夤緣到當年甫傳入台灣且蔚為風尚的藏傳佛教。向藏傳佛教投靠並「精進學法」的結果，終於民國82年11月於印度密教薩迦法王行宮由薩迦法王授予「金剛阿闍黎」法位傳承。其後更於民國87年5月16日由密教薩迦哦巴法王祿頂堪仁波切公開舉行「坐床大典」，認證為密宗薩迦派在台灣第一位公開坐床「仁波切」，賜法名「貢噶仁千多杰仁波切」；自後他便宣稱「遍習禪淨密各法，領略諸法妙理，以慈修身，善入佛慧，『顯密圓融』。」執行長指出，從此聖輪法師所依止的戒行，自然轉入藏傳佛教應該要成就「無上瑜伽」的「三昧耶戒」，當然改以藏傳佛教無上瑜伽的樂空雙運作為他的主修；原本依止的出家具足戒以及菩薩戒等戒相，自然因為與藏傳佛教的三昧耶戒牴觸而廢棄，原來依正統佛教而受持的

比丘戒及菩薩戒等戒體也因此一一打失不存，令人慨嘆。

執行長指出，按照聖德禪寺附近鄰居的「早有耳聞」，又依聖輪法師、心麗比丘尼的行為看來，則聖輪法師已不僅僅是一位藏傳佛教掛名的「金剛阿闍黎」、「貢噶仁千多杰仁波切」而已，他或許是早已開始從事雙身法的實修。久久行之遂令心迷智昏，甚至真的依藏傳佛教，於二六時中不擇處所和對象，也不顧自身僧相的莊嚴和慚恥，在寺裡比丘尼的錄影下，公然對女義工強行擁抱強吻等，卻完全符合藏傳佛教的「三昧耶戒」所教攝。執行長慨嘆，如此看來，這正是又一次證明了正覺基金會向來的努力——釐清藏傳佛教冒篡佛教法義內容的真相，救護台灣婦女遠離上師、喇嘛的宗教性侵，實在是痛澈心扉之下的真知灼見，辛苦的堅忍努力。畢竟藏傳佛教誤了聖輪法師，然而他又隱匿自身已轉依外道的事實，繼續以正統佛門僧寶的身分在「度眾說法」，真是自誤又誤人！刑案尚堪認罪抵過，佛法戒律的戒罪、性罪又怎能善了？來世該怎麼自處？真可謂一失足成千古恨，若不回頭棄捨藏傳佛教的邪教導、邪戒律，再回頭時將何止千百生身？

執行長表示，聖輪法師本是正統佛門中的出家人，未出家前還在一貫道時，自身且曾著作過勸信因果的善書；因此

若能不再執迷，則自己對此毀犯佛戒因果之深重，應是深具瞭解的，只因一時被藏傳佛教迷惑而走入邪教之中，才會有今天的犯行。基金會在此無意加重其人的怖懼，只希望聖輪法師徹底悔悟，莫再信受藏傳佛教邪說，莫再從事雙身修法等惡作。應該幡然改正至心懺悔，並向其信徒、教界與社會大眾公開自己背叛佛教、投靠藏傳佛教以致自誤誤人的始末，或許能因此救護許多誤入歧途的大眾於尚可懸崖勒馬之際，如此則可轉化身犯重戒之罪過爲一場佛事，或能蒙佛垂慈，懺罪消愆於輪墮惡趣尤重純苦不可救拔之邊緣。

執行長總結指出，如今藏傳佛教在台灣禍根已深，目前或因基金會的站出來摧邪顯正，藏傳佛教表面上暫稍隱匿以避風頭，但實際上猶如百足之蟲死而不殭，尤其是像聖輪法師這樣以正統佛門僧人的身分，暗中對藏傳佛教邪歸依、信受邪戒潛修藏傳佛教外道法的，尚有很多。執行長亦向這一類人呼籲：「莫再受藏傳假佛教誤導，更莫轉而誤導眾人；不但自身要唾棄令人毀法壞戒的藏傳佛教，更要救護眾生遠離藏傳佛教邪淫妄語的的侵害，這樣才是釜底抽薪盡掃妖氛一新佛門氣象的根本作法，也才能眞正的回歸爲一名堂堂正正、清清淨淨的三寶弟子。」

第31篇 為什麼雙身法不是佛法系列報導

一、成佛是福慧圓滿

〔真心新聞網採訪組台北報導〕

正覺教育基金會執行長張公僕表示，「佛法」就是成就佛道的方法，佛教中菩薩道有五十二階位的修學次第，依此次第修學，歷經三大阿僧祇劫的修行，最後能成就福慧圓滿的佛陀「兩足尊」；而藏傳佛教密宗的基本教義是「無上瑜伽」男女雙身法，生起次第的修學也是為了雙身法的實修而作準備；藏傳佛教密宗號稱「無上瑜伽」能夠成就「無漏」，也能夠「正遍知」；在男女雙方同時達到性高潮時，藏傳佛教密宗說這就是「即身成佛」了。

藏傳佛教密宗的這種「即身成佛」，真的是「成佛」了嗎？這是值得深入探討的問題。藏傳佛教密宗的喇嘛與女信徒雙方，在要進行淫樂之前會相互對看，再用手來撫摸對方全身……，這些都是不斷「生滅變易」的法；而當男女雙方處於性高潮時，有了全身都能領納性高潮的「正遍知」，而能夠達到「無漏」（不洩露精液），這時候的境界相，說之為「即身成佛」的境界，也是生滅變異法，不是24小時都能存在，也

不能像第八識如來藏一樣從無量劫以來都永遠存在而不中斷，所以與佛法中開悟所證的永遠不生滅的常住法不符。由藏傳佛教密宗這種成佛的過程，可以很清楚的得知，他們所成就的「佛」，只是男女雙方身體的淫樂感覺，落入身識與意識境界中，不離常見外道所墮的識陰範圍；完全沒有佛的福德與智慧，各種的佛法證量與不可思議的神通境界也都付之闕如。並且要成就藏傳佛教密宗的這種究竟佛，必須要男女兩個人在性交中才能成辦；古時的密續中如此規定，宗喀巴如此要求，傳到今天的達賴喇嘛也在書中如此要求喇嘛們；至此即身「成佛」乃是「依他而起」的身識心與意識心所領納的境界，並且是欲界中男歡女愛的境界；這樣生滅而非遍一切時常住的「成佛」，根本不可以稱爲「成佛」；何況在不小心的情況下，洩露了精液，或是性高潮退失了以後，這種「成佛」也就跟著消失了，證明藏傳佛教密宗的即身「成佛」是附佛法外道的虛妄想。

　　佛教中菩薩有五十二個階位的修學次第（十信、十住、十行、十迴向、十地、等覺、妙覺），十信位主修對於三寶的信心，十信位的滿足需歷時一劫到一萬劫，端看個人的根器；十信位滿足以後，開始修凡夫菩薩的六度（布施、持戒、忍辱、精進、禪定、

智慧），分別爲初住位的布施乃至六住位的智慧；當凡夫菩薩熏習般若智慧到某個階段時，透過正確的參禪方法，在眞實善知識的引導下，開悟明心進入第七住位，此時的菩薩方可名爲「眞實義」菩薩，如果又「眼見佛性」，可以進入第十住位。所以「開悟」得實相智慧，是成佛的「因」，乃是悟得法界的眞實相——如來藏；再歷經十行、十迴向、十地、等覺、妙覺位的各種實修，最後成就「無上正等正覺」乃是成佛的「果」，也是以這個如來藏爲主體；只不過此時的如來藏，已經完全清淨無染，成爲究竟清淨的「無垢識」，所以說佛道的修行，乃是福德與智慧的圓滿。

　　從初住位到十迴向位要修行爲時一大阿僧祇劫的菩薩行，當十迴向位福德與智慧即將圓滿之時，此時菩薩永伏性障如阿羅漢，只要在佛前「勇發十無盡願」，即可進入初地。初地以上的菩薩乃修菩薩十度，初地到七地的修行是第二大阿僧祇劫；八地、九地、十地乃至等覺、妙覺是最後一大阿僧祇劫；妙覺位的菩薩乃是最後身的菩薩，此時的菩薩在欲界第四天的兜率內院，等待眾生的根器成熟，再下生人間示現成佛，這就是佛教的成佛過程與經歷時劫。

　　佛教的成佛過程經歷時劫久遠，也倍極艱辛，所證爲第

八識如來藏。反觀藏傳佛教密宗的所有修行者，只要學會「無上瑜伽」男女雙身法，就可以在行淫當中，用意識心去感覺那種樂觸；加上忍住不「漏」失精液，能夠長保這種樂觸，就說是「即身成佛」了，自始至終都不必實證如來藏，與佛法的實修完全無關。所以說藏傳佛教密宗的成佛，乃是利用身體的感覺，妄說身體的樂觸就是「成佛境界」，落入三界中的六塵境界而不自知，被欲界的境界所束縛，是標準的六道輪迴眾生，還住在凡夫位中，想成佛，還早咧！

二、雙身法是淫觸法

〔真心新聞網採訪組台北報導〕

正覺教育基金會執行長張公僕表示，藏傳佛教密宗的基本教義是「無上瑜伽」男女雙身法。「無上瑜伽」的意思是「無上解脫」，但是密宗的「無上瑜伽」卻是男女雙身的淫樂行為，是欲界中最粗重的束縛，只會引導眾生下墮，連超越欲界都不可能，何況能超越色界與無色界？根本不可能超越三界境界，所以完全沒有解脫可言。

佛教經典上經常出現的「阿耨多羅三藐三菩提」（無上正等正覺），是成佛時福德與智慧圓滿的境界；成佛前，必須歷

經三大阿僧祇劫（三大無量數劫）的菩薩行，在第一大無量數劫就得斷除我見、斷盡我執與我所執，究竟否定意識與身識的境界而遠離意識身識境界，具足聲聞菩提、緣覺菩提的解脫智慧，超越欲界、色界、無色界的繫縛；藏傳佛教密宗卻是教人要永住於欲界境界中追求最長久、最強烈的淫樂，只會使人永遠沈墮在欲界中，不得解脫，更不能獲得佛菩提道的智慧，當然沒有佛法的絲毫智慧可言。佛弟子在三大無量數劫中，要努力修集福德與智慧，才有最後的「無上正等正覺」，兩廂比較之下，藏傳佛教密宗的「無上瑜伽」與佛教的「無上正等正覺」，根本是兩種毫不相干的法。

藏傳佛教密宗自認為他們的「金剛乘」，凌駕在佛教大、小乘[36]之上，探究其實際情況，原來只是男女行淫的雙身法。藏傳佛教密宗的無上瑜伽雙身法乃男女雙方用性器官來修行，「性器官」是人體最脆弱的部位；尤其是男性的性器官，經常是人身防衛時「致命攻擊」的目標，如此脆弱的行淫工具，如何能堪稱為「金剛不壞」？

藏傳佛教密宗狡辯說，他們「金剛乘」的殊勝之處，在

---

[36] 大乘是指佛菩提道，可以使人成佛；小乘是指聲聞菩提，可以使人成為阿羅漢；中乘是指緣覺菩提，可以使人成為辟支佛。

於男女雙方能夠同時到達「樂空雙運」的性高潮，並且能夠長時間保持這種「感覺」不退，妄稱這個時候就是「即身成佛」了。對此，張執行長又表示，藏傳佛教密宗的「成佛」也太自欺欺人了，首先令人納悶的是：想成佛就一定要上床性交，否則就沒有那種「成佛」的感覺；如果女信徒出門辦事、做家事而沒有與喇嘛們交合時，藏傳佛教密宗「成佛」的感覺就在自己身上消失了，於是又變成凡夫了；辦完事再去密宗道場與喇嘛交合，或者晚上與自己的丈夫行房時，「成佛」的感覺又回來了，這種成佛豈不是生滅變異不斷，根本就不是永遠成佛，可見藏傳佛教密宗這種成佛全都是謊稱為佛法來欺騙世人的邪法。再來就是「想成佛」時得先「光溜溜」的，否則男女雙身沒辦法透過身體密合和「性器官」的磨擦，來引生觸樂。最重要的一點是，「成佛」的時間點究竟應該定位在何時？

如果「樂空雙運」的性高潮來臨之時，就是「即身成佛」，那是問題重重；因為既然已經「成佛了」，明天（或者說是下一次）還有必要再修「無上瑜伽」，再成一次佛嗎？如果每天每一次都要「樂空雙運」的性高潮，才能說是「即身成佛」，那就是成佛以後還需要一次又一次地修行，那麼每一次的「成

佛」都是不究竟的，這是什麼「佛」？

最後張執行長表示，藏傳佛教密宗的「無上瑜伽」男女雙身法，是要男女雙方性器官相接觸，才能因摩觸而出生行淫的樂觸；這正是十八法界的身觸境界，落入身識與意識中，不離識陰我見境界，也是有境界的法，不是佛法開悟所證的第八識如來藏無境界法。因爲男女雙方彼此先看對了眼，起了淫念，才會有後來的性器官相合相入；由性器官的接觸所產生的觸樂，由意識心去了知那種感覺，住在身識與意識境界中，正是外道法與凡夫法，其實是印度教性力派的譚崔雙身法，如此而已。將這種世間行淫的快樂，說之爲修學佛法，對佛教中的出家人來說，未免太不尊重了。若是世俗人樂於此道，本也是無可厚非，因爲普羅大眾是沒有離欲的輪迴眾生，「在欲行欲」本就是天經地義；如果喇嘛們每天所思、所念，都在與女信徒行淫而每天物色女信徒，必定被這種淫念、淫行所束縛，想要證得小乘的聲聞菩提而出離三界永出輪迴，就已是南轅北轍；想要藉此淫樂境界而證得佛菩提道「即身成佛」，無疑是「癡人說夢」。

三、樂空雙運性高潮是極粗重的世間法

〔真心新聞網採訪組台北報導〕

正覺教育基金會董事長張公僕表示，藏傳佛教密宗「無上瑜伽」男女雙身法，號稱能夠使人「即身成佛」，仔細研究，原來是喇嘛與女信徒雙方同時達到行淫時的「性高潮」；這是「喇嘛教」從元、明、清以來的一貫伎倆，《元史》上明白記載著，有無數的漢人婦女遭受到喇嘛們的強制性侵害，但喇嘛們獲得元朝皇帝支持而可以公然強姦婦女，全都無罪；而現在所謂「藏傳佛教密宗」，本質上就是歷史上的「喇嘛教」，他們故意提出「藏傳佛教」的名稱來混淆視聽，欺騙佛教信徒。

藏傳佛教密宗最引以為傲的就是「無上瑜伽」男女雙身法，將這種從印度教竊取過來的男女行淫的觸樂境界，說為至高無上，甚至高於 釋迦牟尼佛所教授的大乘法與小乘法。然而藏傳佛教密宗的基本教義就是「無上瑜伽」男女雙身法，從初入門的結緣灌頂到最後的四級灌頂，下至生起次第的中脈明點觀想，氣功、拙火、盤腿跳躍的修鍊，都圍繞著男女雙身法為核心；乃至最後「即身成佛」的佛果，也是在男女性交中成就！

難道修學佛法會是亂搞男女關係而獲得的？「即身成佛

就只是「性高潮」？可見「喇嘛教」根本不是佛教，只是因爲喇嘛的祖師們心裡非常清楚，如果不攀緣佛教沾親帶故，喇嘛們的**名聞利養**就沒有著落，無法從人數最多的佛教徒來獲得名聞利養；而且佛教徒若不將喇嘛們誤認爲是「佛教」，那麼喇嘛們要到哪裡去找女信徒充當「佛母」、「明妃」來雙修？

　　佛教中所說的「金剛」，是指《金剛經》上所說的「金剛心」。此第八識如來藏「金剛心」是無始劫以來，就已經存在不滅，沒有任何一種方法可以毀壞祂，故說爲「金剛心」，說爲「不生不滅」；祂「空無形相」卻有眞實的體性，能藉緣出生三界一切法，故說爲「眞實空性」，不是藏傳佛教密宗以意識的空無形色而說爲空性。祂是「八識心王」的第八識，有其「識性」，然而此「識性」不了別六塵所以不知三界一切法，但卻了知一切眾生的心行，故說爲「清淨心」。祂是本來就存在，將來也不會消滅，二乘的聲聞、緣覺菩提聖人解脫三界輪迴生死苦要靠祂，菩薩們三大無量數劫成就佛道也靠祂，所以統稱爲「本來自性清淨涅槃」。修學佛法就是要先證得這個「金剛不壞心」，再深入了知這個「金剛心」的種種自性，然後再深入了知其所含藏的所有「種子」（功能差別），當福德與智慧圓滿之時，就是成佛之時。依這個金剛心而修行成佛

之道，才是真正永不毀壞的「金剛乘」；藏傳佛教密宗所修的即身「成佛」之法，全都落在有生必滅的色陰與識陰之內，都是生滅法，沒有資格自稱為「金剛乘」。

藏傳佛教密宗以男女性器官作為修行法門，最多就是達到性的高潮，滿足性的需求而已；所有修過「無上瑜伽」男女雙身法的大小喇嘛，當他們在性滿足過後，只是感受到行淫的樂觸感覺，每一個人心裡都知道自己還沒有成佛。只是恐怕失去名聞與利養，每一個人嘴裡都不敢承認。

藏傳佛教密宗的喇嘛，每天都在期待「即身成佛」的時刻，要求自己即使是在睡夢中也不能離開雙修的念頭與夢幻不實的快樂；這種揮之不去的淫念、淫行，與佛教中出家人離欲的清淨行止，根本就是南轅北轍的兩碼事。如果將雙身法說是「成佛」的修行法門，那是惡意的誤導佛教徒，也是惡意栽贓給佛教原本清淨的出家人的不良行為；剃了光頭、受了出家戒，還要走回世間人的淫行邪路，不但想要每天淫亂女信徒、破壞信徒的家庭，甚至野心擴大而要像畜生一樣的輪座雜交，並高調的說是佛法的修行，這也是「喇嘛教」欺騙佛教徒的一貫作風。

四、服食甘露無法解脫

〔真心新聞網採訪組台北報導〕

正覺教育基金會董事長張公僕表示，藏傳佛教密宗中，舉凡修學過「無上瑜伽」男女雙身法的喇嘛，都有服食「甘露」的經驗；這是喇嘛們平日習以爲常的工作之一，特別是藏傳佛教密宗的弟子，在接受第三「智慧灌頂」的階段，必須服食「甘露」，然後才能在上師的指導下，與喇嘛一起眞槍實彈的修學「無上瑜伽」男女雙身法。

佛教中說的世間「甘露」，是指欲界天人的食物，那只是欲界天人每天日常受用的飲食福報，本來不值得大驚小怪；但藏傳佛教密宗卻拿來大作文章，說他們吃了甘露，能增長佛法證量，而且「不用修行即可成佛」；縱使他們修行種種儀軌而眞的求到了欲界天人賜給的甘露，其實都與佛法的修行無關；然而更荒謬的是，藏傳佛教說的甘露又不是指欲界天人受用的那種甘露，與欲界天的飲食甘露其實風馬牛不相干。

藏傳佛教密宗的甘露是指「五甘露」（尿、屎、骨髓、性交後的男精、女血），或者用五甘露當作原料，加上草藥就揉成了「甘露丸」；所有的上師、仁波切、法王、活佛以及達賴喇嘛都服食過這些「上品甘味」，歷史上這麼多的喇嘛服食「五甘

露」後，在佛法上的證量也未見有什麼長進，連斷我見而證聲聞初果都作不到，只是多增加了一張「無上瑜伽」的畢業證書，自以為可以隨心所欲的「淫人妻女」而不會有違犯佛戒的問題發生，如此而已。

佛教中眞正的「甘露」，是指**解脫道**與**佛菩提道**的兩大「甘露法門」，主要是在談實證法界實相智慧的**佛菩提道**，以及解脫三界生死的二乘菩提**解脫道**。解脫道是說小乘（或曰二乘：聲聞乘、緣覺乘）的解脫三界，永出輪迴生死苦的修行法門；而佛菩提道是菩薩所應修學的親證法界實相智慧的法門，也含攝了二乘聖人所修的解脫道，不但自己有能力解脫生死，也在未來的無量世中，努力攝受眾生和自己一樣解脫生死，然後發願在生死之中不斷地同樣幫助眾生解脫生死，心中卻永遠都無疲倦。故而佛教所說的「甘露」乃屬智慧的「甘露法門」，是以三乘菩提道的智慧教導眾生，出離三界輪迴苦乃至成就佛道；藏傳佛教密宗的「甘露」是用吃的，而且是吃這些以喇嘛的屎尿淫液製成令人噁心的東西。

服食藏傳佛教密宗「五甘露」這種東西，眞的能增長佛法證量嗎？喇嘛們全都「心知肚明」！只是彼此「心照不宣」而已。五甘露其實是好食血污的羅剎夜叉的食物，喇嘛們被

這些屬鬼暗中纏身迷惑而不自知；對喇嘛而言，最重要的一點是，在最後的「密灌頂」時，服食「男精（喇嘛上師的淫液）和女血（明妃的淫液）」的混合液以後，可以得到上師的恩賜，獲得一個明妃玩玩，也算是吃這種噁心東西的代價吧！

「甘露」乃是欲界天人的日常食物，在色界天中禪悅為食，就棄捨而不再吃甘露了，所以甘露不是遍三界九地的真實法；縱使天天吃得到甘露，也還只是天人，還在六道輪迴中。如果想要在佛法上有所增益，增長佛法上的證量，那就必須聽聞佛法三乘菩提之道，努力斷除意識及識陰我見，也努力參究法界的真實相，這才是於佛法長進的正確途徑。若如藏傳佛教密宗一般，謊言服食「甘露」能增長佛法證量，那是自欺欺人；更何況他們所服食的，是令人作噁的極髒東西，根本不是天人們吃的清淨甘露。

「己所不欲，勿施於人」，如果自己認為不衛生，又很噁心的東西，應該制止他人服用才對；難道說，那些喇嘛上師認為「五甘露」很美味，所以「好東西要與好朋友分享」，而將這種「密灌頂」必須服食「男精、女血」混合液的「甘露」，一代傳一代變成藏傳佛教密宗的「傳統」？

五、修雙身法是邪見邪修行

〔真心新聞網採訪組台北報導〕

正覺教育基金會董事長張公僕表示，藏傳佛教密宗的基本教義乃「無上瑜伽」男女雙身法，意思是說，藏傳佛教密宗所有喇嘛的修行途徑，必須透過男女雙身性交而且獲得快樂才能成就；換句話說，藏傳佛教密宗成佛的唯一途徑，就是精進修行「無上瑜伽」男女雙身法。

「雙身法」顧名思義就是男女兩個人用身體互為工具來修行，但男女雙方不是在討論佛法上的法義，而是用人類身上最敏感的部位，去執行不堪為人所知的祕密性交的最原始行為；如果修行是以男女性器官為主角，讀者們仔細想一想，就能夠檢驗出這種法門的真與假。換句話說，雙方除了「淫樂觸覺」那一段「短暫的歡樂時光」的感覺以外，其他則是一無所獲，無法對佛法的實證有一絲一毫的關聯。如果說「淫樂觸覺」，就是喇嘛口中所說的「即身成佛」，那未免也太詭異、太不合理了，為什麼上了床「一絲不掛」之時，才有可能成佛，下了床以後喇嘛還是凡夫喇嘛？妳還是凡夫的妳？又如果妳和喇嘛上師合修過一段時間以後，都還沒有「成佛」，而喇嘛上師「另攀新枝」而看上更年輕更美麗的新對象，

妳的感覺如何？而且，不論是妳或喇嘛的新對象，再過 10 年乃至 30 年以後，當年的「明妃」已經「人老珠黃」，再也沒有喇嘛願意與妳或那個新對象合修雙身法了；那時沒有了合修雙身法的對象，也只有珠淚暗彈，「即身成佛」無望矣！這也證明雙身法根本就與佛法無關。

佛法的修學有其次第，首先是虔信三寶，才會歸依三寶；對於為善升天，為惡下墮的因果完全信受以後，就可以修學「離欲」的解脫，進而修學離於我見而證聲聞初果的解脫道，乃至修學菩薩的外門六度（布施、持戒、忍辱、精進、禪定、智慧）。在外門修學菩薩六度一段時間以後，若有機緣得遇真正的善知識，得以「開悟」明心證得金剛心如來藏，了知佛法的真實義，開始進入內門修菩薩六度，才能次第成就佛道。所以佛法的修學是以智慧為先導，成就佛道是以開悟明心為根本因，最後才能成就佛果，雙身法的修鍊卻與佛法的修行完全無關。

如果是藏傳假佛教密宗的佛法修學，只強調男女的性接觸和性高潮，將意識心領受觸樂境界的了知性，說為「即身成佛」，這是完全不知不解佛法而妄說佛法；因為世俗的「牛郎」和「援交女」所從事的，就是性接觸，但這些人比較誠

實，不會騙人說這種「性服務」是佛法修行，因為來找「牛郎」和「援交女」的人，無非就是在尋求「性的發洩」而已。然而喇嘛們雙修的行為，與「午夜牛郎」和「援交女」並無不同，但喇嘛們卻以佛法的「修行」作為障眼法，來矇騙前來學習佛法的「善良人」，妄言這種床笫間的性愛藝術能夠使人「即身成佛」，並廣收供養；兩相比較之下，喇嘛們就陰險多了，也是嚴重不誠實的行為；而且同樣是從事「性」的事業，喇嘛們要求的「供養」收費就高出甚多，真正是斂財的行為。

最後張董事長表示，佛法的修學要靠多聞熏習，最重要是實證三乘菩提；若能值遇真實善知識，則能實證法界的真實相，進入佛法大海中修學真實的佛法，遨游於法性大海之中；但「開悟明心」實證法界的真實相，也才只是剛入大乘佛法之內門而已，並非是「開悟成佛」。藏傳佛教密宗喇嘛上師的佛法知見闕如，莫說佛法中的開悟明心，連二乘菩提的見道斷我見智慧都無法證得；而其基本教義又是「無上瑜伽」男女雙身法，故而「男女雙修」是他們必須要走的唯一途徑，女性走上「佛母」、「明妃」這條路，短暫歡樂時光的背後，大部分是悲慘收場；「即身成佛」則是千年謊言，更是荒誕不

經之事；受騙事小，得「性病」再傳染給丈夫的陰影也還是小事，失去貞操與名節而難免被人在背後指指點點，才是一輩子揮之不去的夢魘。

六、金剛杵與蓮花合體不能成佛

〔真心新聞網採訪組台北報導〕

正覺教育基金會董事長張公僕表示，藏傳佛教密宗的基本教義就是「無上瑜伽」男女雙身法，也就是男女「性交」的邪教法門；換句話說，學密的男性以其下體「金剛杵」，和學密女性的下體「蓮花」和合，說之爲「無上瑜伽」男女雙身法；並將「金剛杵」與「蓮花」接觸，所帶來的「性高潮」境界，謊說爲「即身成佛」的境界。

藏傳佛教密宗的「無上瑜伽」，能帶來男女之間的淫樂觸感，將這種「遍知」於全身的淫樂觸感，謊說爲「即身成佛」；說眞格的，這只是「喇嘛教」的「歡喜佛」，與佛法所說的成佛完全無關。因爲喇嘛都有「歡喜佛」的感覺與經驗，如果「歡喜佛」就是眞正的佛，那麼就只有「喇嘛教」所蛻變成的藏傳佛教密宗的那些喇嘛們，才有「成佛」的可能；那麼佛教中清淨修行而不修「無上瑜伽」男女雙身法的出家人，

是不是就不可能成佛？如果一輩子學密宗的人，男人就只靠下體「金剛杵」，女人就只靠下體「蓮花」來修行，腦子一點都不用在三乘菩提的智慧上，能夠有佛法的般若智慧嗎？

想要在佛法上有所增益，必須要「多聞熏習」，還要在熏習後詳加思惟與觀行親證；這些都是要靠腦子，而不是靠「金剛杵」、「蓮花」。如果有機緣值遇真正的善知識，聞熏正知正見，並加以思惟與正確的觀行，透過參禪，就有悟入法界實相的契機，就能夠開悟明心；悟得般若「總相智」以後，再跟隨善知識進修「後得智」一段時間，慢慢地就能夠了知成佛之道的正確途徑與內容。所以佛法上正知見的熏習，與般若的實證，是個人的修行事，不必有異性共同配合。但藏傳佛教密宗喇嘛的「無上瑜伽」，完全要靠女人的下體「蓮花」；也就是說，喇嘛們如果少了女信徒們一朵又一朵的「蓮花」，他們的修行事業就全部停擺，證明藏傳佛教密宗是冒牌的佛教；然而正統佛教的修行人，以「淨化」內心世界為主修，是以智慧增上為最後依歸，藏傳佛教密宗的喇嘛們，則是每天以「杵、蓮」合體為修行內容，是欲界中粗重的染污行；喇嘛們最後的依歸則是「性高潮」，與世俗人講究閨房技藝的內容並無差別，同樣都落入色陰與識陰之中，永遠被繫縛在

欲界中輪迴生死。

　　成佛的開始是要親證第八識如來藏心，最後則是第八識種子的完全淨化，以及布施財、法、無畏而廣修種種福德，達到智慧的圓滿與福德的圓滿；乃屬於心智的「無上正等正覺」，這才是眞正的成佛；而藏傳佛教密宗「無上瑜伽」男女雙身法，縱使再如何精進，依然只是男女之間的行淫快感，乃是屬於世間「生滅無常」的淫樂行爲，不是依心成佛，而是依生滅不淨的色身成佛，永遠只是自欺欺人的虛妄想，永遠沒有眞正成佛的時候。眞正想學習佛法的人，在修過「無上瑜伽」一段時間以後，必然會有所懷疑：「爲什麼藏傳佛教密宗的『成佛』都要在床第上？一旦『成佛』了，我要如何爲他人闡述佛法？難道説我要爲他人闡述佛法時，就必須光溜溜地與喇嘛作『那一檔事』，來個現場表演？」

　　最後張董事長表示，這樣的説明，應該可以很清楚地了知，藏傳佛教密宗「無上瑜伽」男女雙身法的「即身成佛」，是如何的「無厘頭」與邪謬了。想用「性交」來「成佛」，那是「喇嘛教」那些喇嘛們的自我吹噓；眞正的佛法是以智慧的獲得爲先導，而不是靠男女雙方「杵、蓮」合體，用身識與意識心去領受那種「淫樂觸感」；更誇張的將這種「感覺」

171

說之爲「即身成佛」，天底下怎麼可能有這麼荒謬的「佛」！

七、行菩薩道不能吃肉喝酒

〔真心新聞網採訪組台北報導〕

正覺教育基金會董事長張公僕表示，佛弟子因爲不忍爲了自己的口腹之慾，而使眾生被殺喪命；眞正慈悲的佛弟子都不忍食用眾生肉，這不是矯情，而是發自內心的哀憫眾生。即使是南傳佛教的僧人，因爲托缽而無法簡擇，仍然將能夠素食當作是一種修行的美德；況且 釋迦牟尼佛在《楞伽經》已經明說，一切眾生肉皆不得食。藏傳佛教密宗的達賴喇嘛自稱是佛教徒，卻是公然率眾吃肉；因爲他曾言，爲了修學「無上瑜伽」男女雙身法，想要增長性能力的關係，吃眾生是必須的；且必須吃紅色的肉，也就是牛肉、羊肉等之類的肉品，不吃豬肉。

藏傳佛教密宗的基本教義就是「無上瑜伽」男女雙身法，所要達到的目標則是性高潮的「即身成佛」。爲了要經常保持性能力，喇嘛們吃肉、喝酒乃屬正常事。也許有些人心裡面會有幾個重疊的問號：「這是眞的嗎？表面上看起來那麼正經的喇嘛，有可能吃肉、喝酒，還玩女人？法王、活佛不是很有修行嗎？不都是嚴守戒律清淨修行的高貴上師嗎？聽說還

是什麼大菩薩的轉世，怎麼會幹這種下賤的事？」

　　合理的懷疑乃屬正常事，表示您是很冷靜又明理的人。最重要的一點，藏傳佛教密宗法王、活佛乃至達賴喇嘛的產生，只是為了政治和宗教的方便統治，從小就刻意培養出來的一個人物；本是一個普通的小孩子，經過利益分配而挑選以後，再將達賴喇嘛、法王、活佛的封號，安在他們頭上，如此而已。說穿了，他們也是一個凡人，只不過是比其他人多了一個假的佛教封號而已。

　　藏傳佛教密宗的喇嘛們，是不懂佛法又好色的「光頭人」，喇嘛們也沒有接受 佛陀的戒律，根本就不是佛教裡的出家人；以至於吃肉、喝酒乃至玩女人，都認為是天經地義。喇嘛們如此的行止，直接、間接地傷害了真正佛教中的出家人，使正統佛教裡的出家人無緣無故蒙羞；藏傳佛教密宗的喇嘛們，只能說是剃了頭的外道「光頭人」，說他們是佛教的出家人，那還真是太抬舉他們了。

　　最後張董事長表示，既然 釋迦牟尼佛已經明說了不能食眾生肉，也制定了不能飲酒的戒律，身為佛教弟子就應該遵守才對。藏傳假佛教密宗的喇嘛們為了修學「無上瑜伽」男女雙身法，吃肉、喝酒樣樣都來；還冠冕堂皇的說是為了修學「無上瑜伽」，所以得要女信徒以身體供養喇嘛們；如果喇

嘛們對女信徒強制性交，那可是因爲「慈悲」而想要女信徒強制成佛而造善事，眞是「慈悲」與「博愛」。換句話說，看見藏傳佛教密宗的喇嘛們吃肉、喝酒甚至玩女人，根本不是新鮮事，因爲號稱最清淨的改革派宗喀巴大師，在他的《廣論》中就是這樣教導喇嘛們；而且始從元、明、清朝以來，「喇嘛教」的喇嘛們就已經擺明是如此了。在台灣因爲禮教的關係，無法讓他們明著幹，所以他們選擇合修雙身法的女信徒時，都先挑選過濾，希望喇嘛們被舉發性侵的事件可以少一些，因此知道「喇嘛教」與藏傳佛教密宗祕密事的人並不多；有些不知內情的人，還將有達賴喇嘛、法王、活佛封號的這批喇嘛們，像寶貝似的捧在手心，有些人還供養了大批的金錢；甚至有些有錢又有姿色的女人，也因此賠上了身體，最後以壞了名節作收，聰明的您認爲值不值得？

八、不淨的四物只能供鬼神

〔真心新聞網採訪組台北報導〕

正覺教育基金會董事長張公僕表示，藏傳佛教密宗的根本典籍「那洛六法」中，有提到以「四物」供佛。在中國民眾心中所瞭解的「四物」，是指四種中藥材；但藏傳佛教密宗

說的四物是指：「花、酒、媾合、寶之物。」這裡的花，字面上是「蓮花」，但真正的意思，不是佛教中所說的蓮花，而是指女人的「性器官」；「媾合」是指在「雙身佛」像前交合享受快樂；「寶之物」乃男女行淫後所流出精液、精血的混合物。

藏傳佛教密宗喇嘛長期用「四物」來供佛，可見得藏傳佛教密宗的「佛」，並不是真正的佛，而是喜歡骯髒「四物」的羅剎、鬼神所假冒。這違背了 釋迦牟尼佛制定的在家人的五戒：不殺生、不偷盜、不邪淫（出家人為不淫）、不妄語、不飲酒。藏傳佛教密宗的喇嘛們以「花」、「媾合」來供「佛」，很顯然的喇嘛們將「男女性交那一檔事」，視為理所當然，並將男女行淫的「性高潮」說為「即身成佛」，所以經過第四灌以後的密宗男女行者，就可以與任何一位學密的異性在佛像前交媾享樂，再以這種淫樂觀想供佛，並且自稱已經即身成佛了；這已經犯了邪淫戒與大妄語戒。又將「酒」來供佛，撤下來時就自己飲用了，更違犯了「不飲酒戒」。

藏傳佛教密宗的喇嘛們，就是服食「五甘露」（尿、屎、骨髓、男精、女血）和「五肉」（象肉、馬肉、人肉、豬肉、狗肉。）的「光頭」人，並不是佛教裡的出家人。既然剃了頭出了家，身為出家人就應該慈悲為懷，不以食眾生肉為喜，因為食眾

生肉乃助長殺業；又喜歡盜用佛法名相，再將之扭曲，例如：把佛教中所說的清淨蓮花，扭曲為「女人的性器官」；又如「甘露」本是天人的食物，密宗扭曲為「五甘露」等骯髒之物，這是偷盜佛法名相濫用一場，已經犯了「偷盜」戒。

慈心不害眾生的佛弟子，就應該素食，不沾染葷腥；平常供佛也是出自一片誠心，以新鮮的花、水菓來供佛，這是「學佛人」應該有的行止；更應該秉持「知之為知之，不知為不知」的原則來弘傳佛法，既不知道佛法的真實內涵，就不要妄說。藏傳佛教密宗的喇嘛們，完全不懂佛法三乘菩提的內涵，卻硬要說他們的「雙身法」比佛教的大小乘佛法更殊勝，騙人說是比正統佛教更快速成就「佛」道。

最後張董事長表示，粗看藏傳佛教密宗的「四物」供佛，就已經知道他們的「佛」乃是羅剎、鬼神假冒，與佛教中清淨的佛，根本是兩碼事。以「四物」的內容來看，喇嘛們根本沒有離欲，而是成天喝酒、吃肉，沉浸在女人堆裡的外道「光頭人」。比之於世俗人，喇嘛們是「專業」的行淫者，是剃了光頭的喇嘛，非是真正的「出家人」；因為喇嘛們喝酒、吃肉，又將與女人行淫視為正學佛法之事，所以喇嘛的行止根本不能算是「出家人」，只是剃了光頭的世俗人而已；因為

眞正在佛教中「出家」的修行人，是不會喝酒、吃肉，也不修「雙身法」的。

九、沒有兩個人同時成佛的道理

〔真心新聞網採訪組台北報導〕

正覺教育基金會董事長張公僕表示，佛教教主 釋迦牟尼佛曾開示，一個三千大千世界是一尊佛所教化的地區；換句話說，在娑婆世界的這個地區，釋迦牟尼佛雖已示現入滅，但是在 彌勒尊佛尚未降生人間示現成佛之前，我們所居住的這個地球世界和其他的地球世界裡，還不會有其他的佛出世。而藏傳佛教密宗卻妄說「無上瑜伽」男女雙身法可以「即身成佛」，這已經違背了 佛的開示。

藏傳佛教密宗「無上瑜伽」男女雙身法最終極的目標，乃是「即身成佛」；喇嘛們以「無上瑜伽」男女雙身法追求淫樂爲因，而引生「即身成佛」的假果，其實就是男女之間經過性器官的接觸引生的性高潮，誤將這種性高潮遍及全身的覺受，說之爲「即身成佛」。這是藏傳佛教密宗引以爲傲的法門，自認爲高於佛教大、小乘的「無上瑜伽」之「金剛乘」。

藏傳佛教密宗「即身成佛」的意思是說，男女交合而在

同一時間到達性高潮時，雙方都「成佛」了。這種經由學密的男女「性交」而成就的「佛道」，根本無法令有智之人相信，也違背了本師 釋迦牟尼佛的開示：一個三千大千世界是一佛所教化的地區；換句話說，沒有兩尊佛會在同一個時間的同一個處所成佛的。

張董事長又表示，本師 釋迦牟尼佛在菩提樹下的金剛座上，思惟甚深因緣法，於初夜分以手「觸地明心」，「大圓鏡智」現前；於後夜分天將明亮之時，因為看見東方的明星而「眼見佛性」，「成所作智」現前而見性成佛；所以說佛教的成佛是「最後身菩薩」的「明心、見性」，成就「四智圓明」——大圓鏡智、平等性智、妙觀察智、成所作智具足成就，才堪為成佛的「正遍知」，也就是對法界的一切法是無所不知的，這才是「真正的成佛」。

藏傳佛教密宗的「佛」是男女交合的「性交佛」，「男佛」光溜溜，「女佛」也光溜溜；為密宗信徒說法時的密宗佛，全都是男女光溜交抱著，一面享受淫樂而一面為密宗信徒說法，所說的法就是如何長時間住淫樂境界中享受。密宗喇嘛的無上瑜伽「成佛」的當下就是淫樂遍身之時，這是喇嘛與女信徒之間「心照不宣」的時刻，也是互相之間永遠的祕密

而羞於對其他的人說起。換句話說，藏傳佛教密宗的「成佛」，只是男女之間細滑觸的覺受而已；憑著這種性交的「樂受」，說爲「即身成佛」，那是妄說，不值得採信。藏傳佛教密宗的達賴喇嘛、法王、活佛、仁波切、上師，所有的大小喇嘛有哪一個敢公開自稱已經「成佛」了？答案是一個也沒有。只能私底下，偷偷地對學密的女性「新鮮人」——當然對已經被選中的年輕美麗或者多金的女性，妄稱可以讓她「即身成佛」。但喇嘛們一旦拐騙無知的女人上了床以後，在經過一段時間的「無上瑜伽」修鍊後，喇嘛們就會「另覓高枝」，那時候「新鮮人」已經是老「佛母」了，如同秋扇見捐一般，就被丟棄一旁；這正是藏傳佛教密宗「雙身法」的眞實寫照，學密的女信徒最後「人財兩失」，也是經常有的事；也有藉由「無上瑜伽」男女雙身法爲女信徒「袪病」、「消災」、「解厄」等，最後是女信徒惹上一身「性病」，也是屢見不鮮的。

十、淫欲貪愛不能解脫

〔真心新聞網採訪組台北報導〕

正覺教育基金會董事長張公僕表示，藏傳佛教密宗透過「無上瑜伽」男女雙身法，號稱能夠「即身成佛」。但是由

「無上瑜伽」男女雙身法所「感生」出來的「佛」，究竟是什麼「佛」？這是一個值得想學習密宗「佛法」的人，都應深入探討的問題。

近代的藏傳佛教密宗是由西藏「喇嘛教」所蛻變而成，喇嘛教的前身則是印度教性力派的男女交合享樂的世間法，即是印順法師所謂的印度晚期佛教，就是學術界所說的坦特羅佛教（近代譯為譚崔佛教——被印度教性交法門滲透後的假佛教）；故而藏傳「佛教」所有的教義與行門，全都離不開「喇嘛教」的範疇，其中「無上瑜伽」男女雙身法，透露著自相矛盾的說法。「無上瑜伽」「無上」代表最殊勝的意思，「瑜伽」是相應的意思，是代表與解脫或實相智慧相應；既然說是「無上瑜伽」，那就代表與最殊勝解脫、與最殊勝實相智慧全都相應的意思；但是喇嘛們所行的，卻是男女雙身法，也就是說，喇嘛們的「無上瑜伽」是男女「性交」的法門，被繫縛在欲界中，既無法與解脫相應，也不可能與實相智慧相應，哪裡還有無上可言。

男女「性交」是很粗重的淫慾，是被繫縛在三界最低層次的欲界境界裡；凡是在藏傳佛教密宗修學無上瑜伽的人，就會愛好此道，日想、夜也想，都是在這方面打轉。然而 佛

陀教導我們，人世間與欲界天上的天人（一般人所認為的神），因為有慾念與欲行的，所以都在欲界的六道中輪迴，而無法得解脫，連解脫欲界都作不到，全都無法到達色界天的境界。

佛教中有兩個法門——解脫道與佛菩提道，修學解脫道能夠解脫於三界輪迴生死苦，而修學佛菩提道不但能夠解脫生死，還能夠成就最殊勝的佛菩提果——發起宇宙萬有真相的智慧。解脫道的法義比較粗淺，也比較容易成就，只要能夠現觀三界的一切法，以及自己的五陰、十八界身心，無非是緣起、緣滅，沒有一個真實法的存在；當真實確定能夠了知一切法的「意識心」，一定是「夜夜斷滅」，然後於每日醒來以後又「日日生起」，因此在確定了「意識心」是「夜夜斷滅」又「日日生起」後，確定五陰十八界中沒有一法是真實的我，證得無我，就是已經斷了「我見」，於解脫道確定得「初果」，而「預入聖流」了，這才是能夠與解脫初步「瑜伽」，也就是能夠與解脫初步相應的初果聖人。

佛菩提道的見道是明心，是在聞熏解脫道的道理後，能夠先斷了「我見」，再經過真實善知識教導參禪的知見，每日思惟、觀行以後，透過參禪實修，於因緣成熟之時，得以「一念慧相應」而見道明心，正式進入佛菩提道的「無門之門」；

從此以後開始眞正瞭解生命之所從來以及死後的歸趣，也開始眞的瞭解宇宙萬有是因什麼緣故而有生住異滅。簡單地說，解脫道是現觀三界一切法，全都虛幻不實，沒有一個眞實法的存在；而佛菩提道不但是了知三界一切法的虛幻不實，也了知三界一切法皆依於一個眞實法如來藏，藉助外緣而幻起幻滅，這樣才是眞正無上的智慧，才是眞正與解脫道及實相智慧相應的人，才是證得「無上瑜伽」的菩薩。但是藏傳佛教密宗的「無上瑜伽」都是性交的雙身法，而且喇嘛們廣泛的與女信徒交合，其實是淪墮的邪法，只能稱爲「無下瑜伽」，全無佛教中「無上」和「瑜伽」的本質。

　　藏傳佛教密宗的雙身法，乃是男女雙方藉助性器官爲緣，所出生的淫樂法。由於男女雙方的性器官相互摩擦，而有淫樂觸感的出生，這是屬於欲界的欲愛，也是十八界法的身觸境界，由意識心去領受，乃是「緣生緣滅」的法，與佛法證得第八識如來藏的「開悟明心」無關，無法絲毫瞭解生命的實相；也與最後身菩薩眼見佛性而生起成所作智的「見性成佛」無關，根本只是外道的淫樂享受技藝而已。藏傳佛教密宗無上瑜伽的即身成佛，是說喇嘛藉女信徒的身體而使他的淫樂到達擴大到遍身之時，說爲成佛時的「正遍知」；

又因為與女信徒正在共同享受淫樂時的意識無形無色，就說這個意識覺知心就是空性，自稱已經開悟而證得佛教說的空性了。但藏傳佛教密宗的這種淫樂境界與認知，完全落入意識與身識境界中，不離常見外道所墮的識陰境界，根本就是我見未斷的凡夫境界，與聲聞菩提的見道無關，也與緣覺菩提的見道無關，更與成佛之道的佛菩提見道無關，何況能夠成佛？

　　況且這種粗重的欲界淫樂，只會使人越來越下墮，根本無法得到解脫，所以藏傳佛教密宗「無上瑜伽」的雙身法，全無「無上瑜伽」的本質，竟自言能使人「即身成佛」，是最大的「妄語」；因為男女的淫樂，一般世間人都知道、也都親身體驗過；只是藏傳佛教密宗把男女性交加上了一些佛法名相，例如：「無上瑜伽」、「即身成佛」、「正遍知」等，讓人們誤會這種男女的淫樂，真的是佛教裡的一種修行法門；仔細追究起來，這真是一種超級大號的「詐騙」手法，不但「騙色」又大量的「騙財」。再加上法王、活佛、仁波切、達賴喇嘛等的封號，讓一般人目眩神暈；這一個宗教團體，特長是擅於宣傳手法，明明是「騙財又騙色」，他們卻能騙得佛教界的大法師們服服貼貼地，只能說「怪哉」！

第32篇 正覺教育基金會
不評論其他宗教性侵事件的原因

〔真心新聞網採訪組台北報導〕

達賴喇嘛西藏宗教基金會的董事長達瓦才仁在12月7日美國自由亞洲電台的新聞訪談中提到:「今天被打擊的是藏傳佛教,也許臺灣政府和社會不當一回事,但將來這股勢力可能轉移到其它對象,慢慢地它將如同癌細胞般蔓延,最終成爲不治之症。」[37]

關於此點,正覺教育基金會董事長張公僕先生回應表示,藏傳佛教的男女雙修法,喇嘛不但要與女信徒上床合修雙身法,最後還要許多男女信徒實行多人一起集體輪流性交,具載於達賴喇嘛信奉的宗喀巴著作《密宗道次第廣論》等密續中;證明藏傳佛教的**教義**明顯違背社會善良風俗與國家法律,不是個案而是教義規定應該如此,具備了**邪教**的本質。若縱放其繼續弘傳,實質上「它將如同癌細胞般蔓延,

---

[37] 自由亞洲電台普通話2011年12月7日報導〈台「正覺教育基金會」批評藏傳佛教是「邪教」(視頻)〉
http://www.rfa.org/mandarin/yataibaodao/tai-12072011101028.html?searchterm:utf8:ustring

最終成為」台灣社會「不治之症」。近年來我們看到了數不勝數的喇嘛性侵女眾的新聞，以及最近又有弘傳密宗的大法師性侵女眾；另一則新聞提到有一名母親因爲迷信宗教，竟然要自己兩位未成年女兒跟學密的師兄「雙修」；而這些亂象，都是因爲藏傳佛教在台灣興盛的結果，但藏傳佛教密宗的根本教義就是要男女雙修；在教義上是如此，在台灣及全球弘傳藏傳佛教的達賴喇嘛，在書中也不斷地有這樣的說法，例如達賴喇嘛在書中公開說：【對於佛教徒來說，倘若修行者有著堅定的智慧和慈悲，則可以運用性交在修行的道上，因爲這可以引發意識的強大專注力，目的是爲了要彰顯與延長心更深刻的層面（稍早有關死亡過程時曾描述），爲的是要把力量用在強化空性領悟上。否則僅僅只是性交，與心靈修行完全無關。當一個人在動機和智慧上的修行已經達到很高的階段，那麼就算是兩性相交或一般所謂的性交，也不會減損這個人的純淨行爲。在修行道上已達到很高程度的瑜伽行者，是**完全有資格進行雙修，而具有這樣能力的出家人是可以維持住他的戒律。**】[38]

---

[38] 達賴喇嘛著，丁乃竺譯，《修行的第一堂課》，先覺出版股份有限公司，2003.5 初版 7 刷，頁 177－178。

　　達賴喇嘛在書中的看法，認為喇嘛只要程度夠高就可以和女人性交而不屬於犯戒，說只要不射精就是持戒清淨，全然違背 釋迦牟尼佛的戒律，還騙人是持戒清淨。不但如此，達賴喇嘛還說性交可以證悟佛法而證果或解脫，所以達賴喇嘛說道：【在無上瑜伽續中，即使是第一步的接受灌頂，都必須在男性和女性佛交抱的面前成辦。……在這些男女交合的情況中，如果有一方的證悟比較高，就能夠促成雙方同時解脫或證果。】[39] 但是推究達賴所說的藏傳佛教的解脫與證果，其實都只是凡夫的想像，與佛教中所說的解脫與證果全然無關，所說的雙身法性交修行的解脫與證果，也是公然欺騙世人。

　　由達賴喇嘛的積極推動，再藉由設立基金會在台推動，邪淫的藏傳佛教雙身法已經在台灣的宗教界泛濫了；因此我們接到許多民眾投訴，藏傳佛教的雙身修法已經蔓延到台灣的佛教寺院中，有不少的出家法師暗中都在修學藏傳佛教密宗，白天穿著顯教法師的袈裟誦經念佛，晚上卻依循著密宗

---

[39] 第十四世達賴喇嘛著，鄭振煌譯，達賴喇嘛文集（三）《西藏佛教的修行道》，慧炬出版社出版，財團法人達賴喇嘛西藏宗教基金會印贈，2001.3 初版 1 刷，頁 56－57。

喇嘛的教導，以男女雙修法來性侵女信徒。大家可以看到，有那麼多性侵女眾的醜聞都是來自藏傳佛教的活佛喇嘛仁波切；偶爾有正統佛教的法師出現性侵女信徒之事，也是因為暗中修學藏傳佛教密宗所致。加上達賴喇嘛在多本書中一再提到的男女雙身法，可見藏傳佛教的教義本質就是男女性交雙身法，是教義本身出了問題；這與其他宗教的性侵案例的個案犯罪型態不同，也與其他宗教的弘法師偶爾出現性侵事件的動機是不一樣的；因此我們正覺教育基金會目前和以後，都不準備對其他的宗教性侵案件加以評論，因為那些宗教性侵都跟藏傳佛教仿稱為佛教的事實無關，也跟仿稱為其他宗教的本質無關；既無損於佛教的教義，也無損於其他宗教的善良教義。

然而藏傳佛教的雙修性侵，卻仿稱為佛教及佛法，事實上卻完全不是佛教，竟已被眾生普遍誤以為是佛教界幹的惡事，使得佛教界的出家人蒙羞；所以我們只對於這種假冒佛教的藏傳假佛教加以評論。因為這個假冒佛教的藏傳佛教誤導了眾生，害得原本持戒清淨的顯教法師去學密，結果也走入了男女雙身法，最後淪落到社會新聞版上的頭版頭條，而大家看到了這些喇嘛性侵案件之後，卻又因為被喇嘛教誤導

而認為是佛教界的醜事，就把責任推究到佛教身上，說這些都是佛教人士幹的惡事，如此汙衊了佛教的清譽。

張董事長最後表示，希望政府能夠取締這種主張男女性交教義的邪教；而我們也要繼續告訴社會大眾，這種男女雙修的藏傳佛教密宗不是佛教，連一絲絲佛教解脫與證果的內涵都沒有；如果有一天藏傳佛教密宗能夠承認自己不是佛教，而自認為是喇嘛教；社會大眾也都了知喇嘛教不是佛教，也都知道喇嘛的性侵女性實與佛教無關，那麼正覺教育基金會也就不會再評論喇嘛教了；因為已經與佛教無關了，不屬於仿冒的宗教了，已不會傷及佛教正法的弘傳大業。但若他們將來仿冒基督教、回教、道教而不自稱是喇嘛教，並且也繼續性侵女信徒而謊稱精修雙身法可以成為上帝時，本會仍將一本初衷繼續揭露其仿冒宗教的本質。

達賴喇嘛與日本東京地鐵沙林毒氣事件主腦麻原彰晃，
師徒親密合影。

照片出處：

http://culture.ifeng.com/abroad/200812/1208_4088_911843
_1.shtml（擷取日期：2013/12/2）

此張達賴閱兵的照片，從《南德日報》授權中譯的文章中下載。

以下摺疊頁的彩色圖文，已曾在台灣《壹週刊》刊登，

刊登時間為：2011/06–2012/01。

以「性交」為修行內容的邪教

《大紅袍下暗藏玄機的～藏傳佛教》

以性愛享樂作為修行終極目的之宗教，也是世界三大宗教之一的仿冒品，就是冒牌的宗教，也就是冒牌的佛教——藏傳佛教。這個冒牌佛教是中國唯一合法的宗教，而且這個冒牌之邪門程度並不是普通的邪，因為您無法想像世間竟然會有這種邪門到令您無法想像的宗教，這個冒牌宗教的根本教義，要求上師必須與眾多數女信徒性交，求得行房時的樂趣，不可一日中斷。不但如此，還要求已完成祕密灌頂的男女信徒們，應該常常與密宗裡的不同異性信徒輪流性交，藉此而互相教導如何獲得性交時最大的快樂。這個冒牌宗教就是自稱「藏傳佛教」的譚崔雙修法的密宗。它的所有修行方法、理論、結果，全都與佛教無關；它所謂的證果與成佛，也都與佛教的證果及成佛內涵完全不同；只是套上佛教的外衣與名稱，掛著羊頭賣起狗肉，所以是佛教的仿冒品。

這個仿冒佛教而自稱是佛教的藏傳佛教，學術界對於它的公認是密教而佛教亡。它的起源以及它如何在古天竺滅亡了正統密教與真密，所以如果想要詳細瞭解，可以上網蒐尋歐美地區公認的藏傳佛教正式寫出的詳細的聲明與說明。這個冒牌佛教在台灣，傳到今天的台灣，則是暗地裡一樣傳

才仁卻對外宣稱：藏傳佛教是正統的佛教。當我們把事實披露出來的達賴喇嘛西藏基金會發行流通的書籍中，他的書籍至今仍在書局上架販售中，證明達賴仁公開說謊都不臉紅。達賴喇嘛公開宣揚的這種男女合修的雙身法，名為無上瑜伽、樂空雙運，其中的詳細內容，請讀者上網蒐尋「真心新聞網」，就會找到正覺同修會官網，可以詳細閱讀而全都了知其詳情。

佛教正覺同修會、正覺教育基金會，為了救護台灣女性免於喇嘛的騙財騙色，為了救護台灣佛教徒免於喇嘛教的誤導而走入歧途，因此花費鉅資製作大幅的LED公益廣告燈，向社會說明這個冒牌佛教的邪門、妨害善良風化，違諸善良風俗的事實；這是吃力不討好的事，只會對我們不利，而我們願意作。但因為我們所說的藏傳佛教的仿冒佛教與邪門，都是藏傳佛教無法否認的事實，因此他們從來不敢正式寫出書籍或論文，針對我們四巨冊的《狂密與真密》所說的內容公開加以辯論。藏傳假佛教的喇嘛們縮頭藏尾，不敢出頭來當面辯論他們的教義與佛法有無關聯，只敢躲在

授祕密灌頂。當我們把事實披露出來時，達賴喇嘛西藏基金會董事長達瓦喇嘛喇嘛們不敢喇嘛修身法，但是在他主持的達賴喇嘛西藏基金會仍然在發行

▲藏傳佛教中常可見暗示男女雙修的手印及雙身造像。

因此產生正面的影響，也把對藏傳佛教了知的權利還給民眾。

然而張公僕表示，這些曾經犯下性侵案的喇嘛們，因為在台灣缺乏嚴格的宗教性侵規範和立法，至今幾乎每一個犯案的喇嘛，都可以成功地逃脫法律上的制裁，變成了法治社會的漏網之魚。

也成為台灣在宗教性侵案例方面，難以補救的一大漏洞；再加上二審法官一再引用減刑、緩刑的規定，使得台灣的性侵案件的惡化如同雪上加霜，當受害者被告知法院對於宗教性侵案件難以採證與判決，等於再次承受雙重傷害與創傷；而且因此導致在性侵犯案上的僥倖空間也不斷地擴大，也間接助長社會的通姦、婚外情事件，並因此而加劇下一代穩固的家庭基礎，並因此而破壞台灣社會的青少年的性犯濫事件，以及助長緩交的惡習，對台灣社會的長久影響自是不言可喻。

張公僕也非常欣慰的表示，如今正義不凱明持續去年號召民眾，自發性地到凱達格蘭大道抗議「幼童性侵案的判刑」行動，繼續地發聲，藉此檢視我們台灣社會一向以來極為爭取一個免於性侵害恐懼權的空間，委實令人讚歎。

張執行長表示，宗教性侵案件中，以佛教的喇嘛為最大宗；民眾應該遠離藏傳佛教各派祖師、弟子應該朝向密宗道修學，例如《廣論》研讀與修學，而密宗道完全是藏傳佛教信徒男女雙修的修行方法，也是鼓勵常常要與男上師喇嘛合修雙身法的，台灣民眾一定要從藏傳佛教的《廣論》中瞭解到這個事實，以免受到藏傳佛教雜交邪淫的惡性愛教義的污染，否則家中單純善良的子女，極有可能因為受到父母在藏傳佛教修學的影響，一旦全心投入雙身法者，就會變成性愛教義的無辜受害者。這樣的案例在台灣已經是屢見不鮮，也明載於藏傳佛教的密續教典中。

張公僕也再次呼籲社會大眾：如同司法院刑事廳長於報導中表示「民眾期盼能聽到民間的聲音，以讓法官反省性侵案的判決刑度是否合理」，政府也可以從更宏觀的眼光來檢視相關各類的性侵案件，也來關心這塊陰暗角落的性侵案件，讓社會大眾能夠有所認知的防範與警覺，以及建立應有的規範對策措施，來保障每一分子的權益，並讓社會大眾免於這樣的性侵害的恐懼權。

檢視性侵判刑 台灣要大步走

近幾年來，台灣發生性侵事件的冰山一角逐漸浮露出來；從中國大陸、印度、尼泊爾來台的喇嘛，動輒犯下台灣社會眾所矚目的性侵事件。喇嘛們假借佛門出家僧人的身分、犯下性侵或誘姦台灣善良女性的惡行，其影響力幾乎超過其他任何的性侵案件，也都是報章雜誌所最關心的重要話題。對此，正覺教育基金會執行長張公僕表示，這些犯下性侵重罪的主角們，都是藏傳佛教中真正的活佛、喇嘛，來台灣秘密地倡導或暗示信眾的無上瑜伽修行、明著鼓勵或暗示信眾應修學男女雙修的性交法門，有的則是喇嘛居住處所幽會雙修，事情敗露而上了新聞；有的則是喇嘛趁其騙術、誘姦性侵女信眾，誘姦不成時就是強行幫助女信徒完成「慈悲」加以性侵。說是助女信徒得到「成就報身佛」。這些事件，都使崇尚佛教、倡導宗教自由的台灣社會受到很大的衝擊，民眾們無法相信：這些出家的佛教僧人，原本應該是遠離垢坏、六根清淨，怎麼反而會作出這樣泯滅人性的事件呢？

正覺教育基金會這麼多年的努力，提醒台灣民眾「藏傳佛教的本質就是邪淫的男女雙修」，以改變社會大眾對於藏傳佛教由於不理解而產生的盲從迷信。從迷信的觀念，漸漸的已經有許多人瞭解這些西藏喇嘛們所學的藏傳佛教，他們的文化與思想中宗教觀念，實際上都是違背了中華文化傳統價值的道德廉恥，一夫一妻的思想，也完全與正統佛教的教義相背離。因此終於有許多人開始認清楚喇嘛教不是佛教；這是台灣社會文化上令人欣喜的發展。如此對於台灣社會的性侵防治，以及許多令人難解的藏傳佛教本質，都

（真心新聞組台北報導）根據聯合報2月14日刊登的《性侵判刑，3成5低於法定最輕刑》、《白玫瑰回應》的報導，去年台灣民間發起的白玫瑰運動活動，由楊子森先生建議召集人曾香蕉繼續凝聚監督力量，來分析法院的判決，後來透過正義聯盟十多位閱覽者的志工一起分頭查件判決，發現「判的比法定最低刑還低的」高達三成五。正覺教育基金會執行長張公僕表示，這些民間的志工毅力可堪佩數是男性，從計程車司機到家庭主婦熱心投入，無非是希望能夠推動建立法律的完整體制，來減少被害人所受到的傷害，這樣的熱情實在是令人感動。

▲宗教性侵案件難以舉證與判決，使受害者難以承受心理傷害與創傷。

譬如藏傳佛教人士指責本會懸掛的公益宣導布條中，使用了「性交」一詞用語不雅。說實話，這在知情者的眼中看來，就好像作賊失風被捉住了，反而誣指室主是「賊」一樣。正覺教育基金會的本意是要教育大眾，明白藏傳佛教以「喇嘛與女弟子行淫樂」作為修行內容的真相，其本質是違背善良風氣中，而「性交」這個名詞在達賴喇嘛的書中隨處都有，他也在實質上教導喇嘛要常常與女信徒性交；我們只是將達賴喇嘛本人所說的性交等話語加以引用，也正是為了教育民眾遠離邪教，豈知藏傳佛教卻是惱羞成怒，反過來「作賊的喊捉賊」，真是「只准自家放火，不許鄰居點燈。」

但是正覺將會繼續本著教育民眾遠離宗教性侵害的初衷，繼續教育廣大的社會民眾，救護台灣民眾遠離喇嘛們的騙財騙色，避免台灣民眾繼續被藏傳佛教所喇嘛欺騙而導致家庭破碎。

幕後不斷地向政府機關進行投訴，一會兒託議員、找民代，更不斷地向「台北市民政局」「教育部」「大同區公所」「大同警察分局」「重慶派出所」誣指正覺教育基金會的公益廣告文宣為妨害善風化，促使這些政府機關不斷地派員前來正覺技術學院；如今又改向「壹週刊」誣告，仍不改當簡傷人的手腕，然而，他們幹了許多妨害善良風化、妨害善良風俗的事，卻不准正覺正當出來披露實情，反而誣指正覺文宣義正言詞的公益廣告文宣為妨害善風化，真是豈有此理？

譬如達賴喇嘛本人在《修行的第一堂課》書中親口說：「就算是兩性相交或一般所謂的性交，也不會減損這個人的純淨行為。在修行道上已達到很高程度的瑜伽行者，是完全有資格進行雙修，而且具有這樣能力的出家人是可以在維持他的戒律」又說：「具有堅定意志及智慧的修行者，可以在修行之道上運用性交，以性交來彰顯現出本有的澄明心。」還有：「這四種狀態中，進一步發展的最佳時機會是性交。」（摘錄自《達賴生死書》p.36）

僅以「性交」一詞，在達賴喇嘛所著的書中就是西藏佛教的修行道（達賴喇嘛所著文集3.西藏佛教的修行道中公然倡導密宗男女則是不勝枚舉。達賴喇嘛親口說的文字沒有妨害善風化；但正覺只是引述達賴喇嘛親口所說的，自認為這樣都沒有妨害善風化，斥責其他鼓勵喇嘛性侵女信徒，竟然有妨害善導善風化的行為，這邏輯真是令人啼笑皆非。

佛教正覺同修會〈修學佛道次第表〉

第一階段

* 以憶佛及拜佛方式修習動中定力。
* 學第一義佛法及禪法知見。
* 無相拜佛功夫成就。
* 具備一念相續功夫——動靜中皆能看話頭。
* 努力培植福德資糧，勤修三福淨業。

第二階段

* 參話頭，參公案。
* 開悟明心，一片悟境。
* 鍛鍊功夫求見佛性。
* 眼見佛性〈餘五根亦如是〉親見世界如幻，成就如幻觀。
* 學習禪門差別智。
* 深入第一義經典。
* 修除性障及隨分修學禪定。
* 修證十行位陽焰觀。

第三階段

* 學一切種智真實正理——楞伽經、解深密經、成唯識論……。
* 參究末後句。
* 解悟末後句。
* 透牢關——親自體驗所悟末後句境界，親見實相，無得無失。
* 救護一切眾生迴向正道。護持了義正法，修證十迴向位如夢觀。
* 發十無盡願，修習百法明門，親證猶如鏡像現觀。
* 修除五蓋，發起禪定。持一切善法戒。親證猶如光影現觀。
* 進修四禪八定、四無量心、五神通。進修大乘種智，求證猶如谷響現觀。

佛菩提二主要道次第概要表

佛菩提道—大菩提道

遠波羅蜜多	資糧位	十信位修集信心— 一劫乃至一萬劫 初住位修集布施功德（以財施為主）。 二住位修集持戒功德。 三住位修集忍辱功德。 四住位修集精進功德。 五住位修集禪定功德。 六住位修集般若功德（熏習般若中觀及斷我見，加行位也）。
	見道位	七住位明心般若正觀現前，親證本來自性清淨涅槃。 八住位起於一切法現觀般若中道。漸除性障。 十住位眼見佛性，世界如幻觀成就。 一至十行位，於廣行六度萬行中，依般若中道慧，現觀陰處界猶如 一至十迴向位熏習一切種智；修除性障，唯留最後一分思惑不斷。
近波羅蜜多	修道位	初地：第十迴向位滿心時，成就道種智一分（八識心王一一親證後 法）復由勇發十無盡願，成通達位菩薩。復又永伏性障而 法施波羅蜜多及百法明門。證「猶如鏡像」現觀，故滿初地 二地：初地功德滿足以後，再成就道種智一分而入二地；主修戒 然清淨。 三地：二地滿心再證道種智一分，故入三地。此地主修忍波羅蜜 ，留惑潤生。滿心位成就「猶如谷響」現觀及無漏妙定意 四地：由三地再證道種智一分故入四地。主修精進波羅蜜多，於 成就「如水中月」現觀。 五地：由四地再證道種智一分故入五地。主修禪定波羅蜜多及一 六地：由五地再證道種智一分故入六地。此地主修般若波羅蜜多 如變化所現，「非有似有」，成就細相觀，不由加行而自 七地：由六地「非有似有」現觀，再證道種智一分故入七地。此 流轉門及還滅門一切細相，成就方便善巧，念念隨入滅盡
大波羅蜜多		八地：由七地極細相觀成就故再證道種智一分而入八地。此地主 相土自在，滿心位復證「如實覺知諸法相意生身」故。 九地：由八地再證道種智一分故入九地。主修力波羅蜜多及一切 十地：由九地再證道種智一分故入此地。此地主修一切種智—— 功德，成受職菩薩。 等覺：由十地道種智成就故入此地。此地應修一切種智，圓滿等 人相及無量隨形好。
圓滿波羅蜜多	究竟位	妙覺：示現受生人間已斷盡煩惱障一切習氣種子，並斷盡所知障 間捨壽後，報身常住色究竟天利樂十方地上菩薩；以諸化

圓滿成就究竟佛

二道並修，以外無別佛法

		解脫道：二乘菩提

	外門廣修六度萬行	↓ 斷三縛結，成初果解脫
	內門廣修六度萬行	↓ 薄貪瞋癡，成二果解脫

，至第十行滿心位，陽焰觀成就。
迴向滿心位成就菩薩道如夢觀。

↓ 斷五下分結，成三果解脫

受五法、三自性、七種第一義、七種性自性、二種無我
，能證慧解脫而不取證，由大願故留惑潤生。此地主修

多及一切種智。滿心位成就「猶如光影」現觀，戒行自

入地前的四加行令煩惱障現行悉斷，成四果解脫，留惑潤生。分段生死已斷，煩惱障習氣種子開始斷除，兼斷無始無明上煩惱。

八定、四無量心、五神通。能成就俱解脫果而不取證

方世界廣度有緣，無有疲倦。進修一切種智，滿心位

斷除下乘涅槃貪。滿心位成就「變化所成」現觀。
種智現觀十二因緣一一有支及意生身化身，皆自心真
盡定，成俱解脫大乘無學。
切種智及方便波羅蜜多，由重觀十二有支一一支中之
位證得「如犍闥婆城」現觀。

七地滿心斷除故意保留之最後一分思惑時，煩惱障所攝色、受、想三陰有漏習氣種子同時斷盡。

智及願波羅蜜多。至滿心位純無相觀任運恆起，故於

就四無礙，滿心位證得「種類俱生無行作意生身」。
多。滿心位起大法智雲，及現起大法智雲所含藏種種

煩惱障所攝行、識二陰無漏習氣種子任運漸斷，所知障所攝上煩惱任運漸斷。

法忍；於百劫中修集極廣大福德，以之圓滿三十二大

，永斷變易生死無明，成就大般涅槃，四智圓明。人
□，永無盡期，成就究竟佛道。

↓ 斷盡變易生死
成就大般涅槃

佛子 蕭平實 謹製　　二○○九、○二修訂
二○一二、○二增補

佛教正覺同修會 共修現況 及 招生公告　　2014/01/12

一、共修現況：（請在共修時間來電，以免無人接聽。）

台北正覺講堂 103 台北市承德路三段 277 號九樓 捷運淡水線圓山站旁
　　　　　Tel..總機 02-25957295（晚上）（分機：九樓辦公室 10、11；知
　　　　　客櫃檯 12、13。 十樓知客櫃檯 15、16；書局櫃檯 14。 五樓
　　　　　辦公室 18；知客櫃檯 19。二樓辦公室 20；知客櫃檯 21。）
　　　　　Fax..25954493

第一講堂　台北市承德路三段 277 號九樓

禪淨班：週一晚上班、週三晚上班、週四晚上班、週五晚上班、週六
　　　　下午班、週六上午班（皆須報名建立學籍後始可參加共修，欲
　　　　報名者詳見本公告末頁）

增上班：瑜伽師地論詳解：每月第一、三、五週之週末 17.50～20.50
　　　　　　　　　　　　平實導師講解（僅限已明心之會員參加）

禪門差別智：每月第一週日全天　平實導師主講（事冗暫停）。

佛藏經詳解　　平實導師主講。已於 2013/12/17 開講，歡迎已發成佛
大願的菩薩種性學人，攜眷共同參與此殊勝法會聽講。詳解 釋迦世
尊於《佛藏經》中所開示的眞實義理，更爲今時後世佛子四眾，闡述
佛陀演說此經的本懷。眞實尋求佛菩提道的有緣佛子，親承聽聞如是
勝妙開示，當能如實理解經中義理，亦能了知於大乘法中：如何是諸
法實相？善知識、惡知識要如何簡擇？如何才是清淨持戒？如何才能
清淨說法？於此末法之世，眾生五濁益重，不知佛、不解法、不識僧，
唯見表相，不信眞實，貪著五欲，諸方大師不淨說法，各各將導大量
徒眾趣入三塗，如是師徒俱堪憐憫。是故，平實導師以大慈悲心，用
淺白易懂之語句，佐以實例、譬喻而爲演說，普令聞者易解佛意，皆
得契入佛法正道，如實了知佛法大藏。

　　此經中，對於實相念佛多所著墨，亦指出念佛要點：以實相爲依，
念佛者應依止淨戒、依止清淨僧寶，捨離違犯重戒之師僧，應受學清
淨之法，遠離邪見。本經是現代佛門大法師所厭惡之經典：一者由於
大法師們已全都落入意識境界而無法親證實相，故於此經中所說實相
全無所知，都不樂有人聞此經名，以免讀後提出問疑時無法回答；二
者現代大乘佛法地區，已經普被藏密喇嘛教滲透，許多有名之大法師
們大多已曾或繼續在修練雙身法，都已失去聲聞戒體及菩薩戒體，成
爲地獄種姓人，已非眞正出家之人，本質只是身著僧衣而住在寺院中
的世俗人。這些人對於此經都是讀不懂的，也是極爲厭惡的；他們尚
不樂見此經之印行，何況流通與講解？今爲救護廣大學佛人，兼欲護
持佛教血脈永續常傳，特選此經宣講之。每逢週二 18.50~20.50 開
示，不限制聽講資格。會外人士需憑身分證件換證入內聽講（此是大

樓管理處之安全規定，敬請見諒）。桃園、台中、台南、高雄等地講堂，亦於每週二晚上播放平實導師所講本經之 DVD，不必出示身分證件即可入內聽講，歡迎各地善信同霑法益。

第二講堂 台北市承德路三段 267 號十樓。
禪淨班：週一晚上班、週四晚上班、週六下午班。
進階班：週三晚上班、週五晚上班（禪淨班結業後轉入共修）。
佛藏經詳解：平實導師講解。每週二 18.50~20.50（影像音聲即時傳輸）。
本會學員憑上課證進入聽講，會外學人請以身分證件換證進入聽講（此爲大樓管理處安全管理規定之要求，敬請諒解）。

第三講堂 台北市承德路三段 277 號五樓。
進階班：週一晚上班、週三晚上班、週四晚上班、週五晚上班、
週六下午班。
佛藏經詳解：平實導師講解。每週二 18.50~20.50（影像音聲即時傳輸）。
本會學員憑上課證進入聽講，會外學人請以身分證件換證進入聽講（此爲大樓管理處安全管理規定之要求，敬請諒解）。

第四講堂 台北市承德路三段 267 號二樓。
進階班：週三晚上班、週四晚上班（禪淨班結業後轉入共修）。
佛藏經詳解：平實導師講解。每週二 18.50~20.50（影像音聲即時傳輸）。
本會學員憑上課證進入聽講，會外學人請以身分證件換證進入聽講（此爲大樓管理處安全管理規定之要求，敬請諒解）。

第五、第六講堂 爲**開放式講堂**，不需以身分證件換證即可進入聽講，台北市承德路三段 267 號地下一樓、地下二樓。已規劃完成，正在整修中，預計 2014 年七月起，每週二晚上講經時段開放給會外人士自由聽經。

正覺祖師堂 大溪鎮美華里信義路 650 巷坑底 5 之 6 號（台 3 號省道 34 公里處 妙法寺對面斜坡道進入） 電話 03-3886110 傳眞 03-3881692 本堂供奉 克勤圓悟大師，專供會員每年四月、十月各二次精進禪三共修，兼作本會出家菩薩掛單常住之用。除禪三時間以外，每逢單月第一週之週日 9:00~17:00 開放會內、外人士參訪，當天並提供午齋結緣。教內共修團體或道場，得另申請其餘時間作團體參訪，務請事先與常住確定日期，以便安排常住菩薩接引導覽，亦免妨礙常住菩薩之日常作息及修行。

桃園正覺講堂（第一、第二講堂）：桃園市介壽路 286、288 號 10 樓
（陽明運動公園對面）電話：03-3749363（請於共修時聯繫，或與台北聯繫）
禪淨班：週一晚上班、週三晚上班、週四晚上班、週五晚上班。
進階班：週六上午班。
佛藏經詳解：平實導師講解 每逢週二晚上，以台北正覺講堂所錄 DVD 放映；歡迎會外學人共同聽講，不需出示身分證件。

新竹正覺講堂 新竹市東光路 55 號二樓之一　電話 03-5724297（晚上）
　第一講堂：
　　禪淨班：週一晚上班、週三晚上班、週五晚上班、週六上午班。
　　進階班：週四晚上班（由禪淨班結業後轉入共修）。
　　佛藏經詳解：平實導師講解，每週二晚上。以台北正覺講堂所錄 DVD
　　　　放映。歡迎會外學人共同聽講，不需出示身分證件。
　第二講堂：
　　禪淨班：週四晚上班。
　　佛藏經詳解：每週二晚上與第一講堂同時播放佛藏經詳解 DVD。

台中正覺講堂 04-23816090（晚上）
　第一講堂 台中市南屯區五權西路二段 666 號 13 樓之四（國泰世華銀行
　　　　樓上。鄰近縣市經第一高速公路前來者，由五權西路交流道可以
　　　　快速到達，大樓旁有停車場，對面有素食館）。
　　禪淨班：週三晚上班、週四晚上班、週五晚上班、週六早上班。
　　進階班：週一晚上班（由禪淨班結業後轉入共修）。
　　增上班：單週週末以台北增上班課程錄成 DVD 放映之，限已明心之會
　　　　員參加。
　　佛藏經詳解：平實導師講解。以台北正覺講堂所錄 DVD 放映。每週二
　　　　晚上放映，歡迎會外學人共同聽講，不需出示身分證件。
　第二講堂　台中市南屯區五權西路二段 666 號 4 樓
　　禪淨班：週一晚上班。
　　進階班：週五晚上班、週六早上班（由禪淨班結業後轉入共修）。
　　佛藏經詳解：每週二晚上與第一講堂同時播放佛藏經詳解 DVD。
　第三講堂、第四講堂：台中市南屯區五權西路二段 666 號 4 樓。

嘉義正覺講堂
　第一講堂　嘉義市友愛路 288 號八樓之一（裝潢中，尚未開放）
　第二講堂　嘉義市友愛路 288 號八樓之二（裝潢中，尚未開放）

台南正覺講堂
　第一講堂　台南市西門路四段 15 號 4 樓。06-2820541（晚上）
　　佛藏經詳解：平實導師講解。以台北正覺講堂所錄 DVD 放映。每週
　　　　二晚上放映，歡迎會外學人共同聽講，不需出示身分證件。
　　禪淨班：週一晚上班、週三晚上班、週六下午班。
　　進階班：雙週週末下午班（由禪淨班結業後轉入共修）。
　　增上班：單週週末下午，以台北增上班課程錄成 DVD 放映之，限已明
　　　　心之會員參加。
　第二講堂　台南市西門路四段 15 號 3 樓。
　　佛藏經詳解：每週二晚上與第一講堂同時播放佛藏經詳解 DVD。
　第三講堂　台南市西門路四段 15 號 3 樓。
　　佛藏經詳解：每週二晚上與第一講堂同時播放佛藏經詳解 DVD。

禪淨班：週四晚上班、週六晚上班。

進階班：週五晚上班、週六早上班（由禪淨班結業後轉入共修）。

高雄正覺講堂 高雄市新興區中正三路 45 號五樓 07-2234248（晚上）
第一講堂（五樓）：
佛藏經詳解：平實導師講解。以台北正覺講堂所錄 DVD 放映。每週二
晚上放映，歡迎會外學人共同聽講，不需出示身分證件
禪淨班：週三晚上班、週四晚上班、週末上午班。
進階班：週一晚上班（由禪淨班結業後轉入共修）。
增上班：單週週末下午，以台北增上班課程錄成 DVD 放映之，限已明
心之會員參加。
第二講堂（四樓）：
佛藏經詳解：每週二晚上與第一講堂同時播放佛藏經詳解 DVD。
禪淨班：週三晚上班、週四晚上班。
進階班：週四晚上班（由禪淨班結業後轉入共修）。
第三講堂（三樓）：（尚未開放使用）。

香港正覺講堂 香港新界葵涌大連排道 21-23 號，宏達工業中心 7 樓 10
室（葵興地鐵站 A 出口步行約 10 分鐘）。電話：(852)23262231。英文
地址：Unit 10, 7/F, Vanta Industrial Centre, No.21-23, Tai Lin Pai Road,
Kwai Chung, New Territories）
禪淨班：週六班 14:30-17:30，已經額滿。
週日班 14:40-17:40，已經額滿。
新班開始報名，5 月初開課。
妙法蓮華經詳解：平實導師講解 以台北正覺講堂所錄 DVD，每逢週六
18:40-20:40、週日 19:00-21:00 放映；歡迎會外學人共同聽講，不需出
示身分證件。

美國洛杉磯正覺講堂 ☆已遷移新址☆
825 S. Lemon Ave Diamond Bar, CA 91798 U.S.A.
TEL. (626) 965-2200   Cell. (626) 454-0607
禪淨班：每逢週末 15：30~17：30 上課。
進階班：每逢週末上午 10：00 上課。
佛藏經詳解：平實導師講解 以台北正覺講堂所錄 DVD，每週六下午放
映(13：00~15：00)，歡迎各界人士共享第一義諦無上法益，不需
報名。

二、**招生公告** 本會台北講堂及全省各講堂，每逢四月、十月中旬開
新班，每週共修一次（每次二小時。開課日起三個月內仍可插班）；但
美國洛杉磯共修處得隨時插班共修。各班共修期間皆為二年半，欲
參加者請向本會函索報名表（各共修處皆於共修時間方有人執事，非共
修時間請勿電詢或前來洽詢、請書），**或直接從成佛之道網站下載報名**

表。共修期滿時，若經報名禪三審核通過者，可參加四天三夜之禪三精進共修，有機會明心、取證如來藏，發起般若實相智慧，成為實義菩薩，脫離凡夫菩薩位。

三、新春禮佛祈福 農曆年假期間停止共修：自農曆新年前七天起停止共修與弘法，正月 8 日起回復共修、弘法事務。新春期間正月初一～初七 9.00～17.00 開放台北講堂、大溪禪三道場（正覺祖師堂），方便會員供佛、祈福及會外人士請書。美國洛杉磯共修處之休假時間，請逕詢該共修處。

> 密宗四大派修雙身法，是外道性力派的邪法；又以生
> 滅的識陰作為常住法，是常見外道，是假的藏傳佛教。
>
> 西藏覺囊已以他空見弘揚第八識如來藏勝法，才是真藏傳佛教

佛教正覺同修會　弘法行事表

1、**禪淨班**　以無相念佛及拜佛方式修習動中定力，實證一心不亂功夫。傳授解脫道正理及第一義諦佛法，以及參禪知見。共修期間：二年六個月。每逢四月、十月開新班，詳見招生公告表。

2、**《佛藏經》詳解**　平實導師主講。已於 2013/12/17 開講，歡迎已發成佛大願的菩薩種性學人，攜眷共同參與此殊勝法會聽講。詳解釋迦世尊於《佛藏經》中所開示的眞實義理，更爲今時後世佛子四眾，闡述 佛陀演說此經的本懷。眞實尋求佛菩提道的有緣佛子，親承聽聞如是勝妙開示，當能如實理解經中義理，亦能了知於大乘法中：如何是諸法實相？善知識、惡知識要如何簡擇？如何才是清淨持戒？如何才能清淨說法？於此末法之世，眾生五濁益重，不知佛、不解法、不識僧，唯見表相，不信眞實，貪著五欲，諸方大師不淨說法，各各將導大量徒眾趣入三塗，如是師徒俱堪憐憫。是故，平實導師以大慈悲心，用淺白易懂之語句，佐以實例、譬喻而爲演說，普令聞者易解佛意，皆得契入佛法正道，如實了知佛法大藏。每逢週二 18.50~20.50 開示，不限制聽講資格。會外人士需憑身分證件換證入內聽講（此是大樓管理處之安全規定，敬請見諒）。桃園、新竹、台中、台南、高雄等地講堂，亦於每週二晚上播放平實導師講經之 DVD，不必出示身分證件即可入內聽講，歡迎各地善信同霑法益。

有某道場專弘淨土法門數十年，於教導信徒研讀《佛藏經》時，往往告誡信徒曰：「後半部不許閱讀。」由此緣故坐令信徒失去提升念佛層次之機緣，師徒只能低品位往生淨土，令人深覺愚癡無智。由有多人建議故，平實導師開始宣講《佛藏經》，藉以轉易如是邪見，並提升念佛人之知見與往生品位。此經中，對於實相念佛多所著墨，亦指出念佛要點：以實相爲依，念佛者應依止淨戒、依止清淨僧寶，捨離違犯重戒之師僧，應受學清淨之法，遠離邪見。本經是現代佛門大法師所厭惡之經典：一者由於大法師們已全都落入意識境界而無法親證實相，故於此經中所說實相全無所知，都不樂有人聞此經名，以免讀後提出問疑時無法回答；二者現代大乘佛法地區，已經普被藏密喇嘛教滲透，許多有名之大法師們大多已曾或繼續在修練雙身法，都已失去聲聞戒體及菩薩戒體，成爲地獄種姓人，已非眞正出家之人，本質上只是身著僧衣而住在寺院中的世俗人。這些人對於此經都是讀不懂的，也是極爲厭惡的；他們尚不樂見此經之印行，何況流通與講解？今爲救護廣大學佛人，兼欲護持佛教血脈永續常傳，特選此經宣講之，主講者平實導師。

3、**瑜伽師地論**詳解　詳解論中所言凡夫地至佛地等 17 師之修證境界與理論，從凡夫地、聲聞地……宣演到諸地所證一切種智之眞實正理。由平實導師開講，每逢一、三、五週之週末晚上開示，僅限已明心之會員參加。

4、**精進禪三**　主三和尚：平實導師。於四天三夜中，以克勤圓悟大師及大慧宗杲之禪風，施設機鋒與小參、公案密意之開示，幫助會員剋期取證，親證不生不滅之眞實心——人人本有之如來藏。每年四月、十月各舉辦二個梯次；平實導師主持。僅限本會會員參加禪淨班共修期滿，報名審核通過者，方可參加。並選擇會中定力、慧力、福德三條件皆已具足之已明心會員，給以指引，令得眼見自己無形無相之佛性遍佈山河大地，眞實而無障礙，得以肉眼現觀世界身心悉皆如幻，具足成就如幻觀，圓滿十住菩薩之證境。

5、**阿含經**詳解　選擇重要之阿含部經典，依無餘涅槃之實際而加以詳解，令大眾得以現觀諸法緣起性空，亦復不墮斷滅見中，顯示經中所隱說之涅槃實際—如來藏—確實已於四阿含中隱說；令大眾得以聞後觀行，確實斷除我見乃至我執，證得**見到**眞現觀，乃至**身證**……等眞現觀；已得大乘或二乘見道者，亦可由此聞熏及聞後之觀行，除斷我所之貪著，成就慧解脫果。由平實導師詳解。不限制聽講資格。

6、**大法鼓經**詳解　詳解末法時代大乘佛法修行之道。佛教正法消毒妙藥塗於大鼓而以擊之，凡有眾生聞之者，一切邪見鉅毒悉皆消殞；此經即是大法鼓之正義，凡聞之者，所有邪見之毒悉皆滅除，見道不難；亦能發起菩薩無量功德，是故諸大菩薩遠從諸方佛土來此娑婆聞修此經。由平實導師詳解。不限制聽講資格。

7、**解深密經**詳解　重講本經之目的，在於令諸已悟之人明解大乘法道之成佛次第，以及悟後進修一切種智之內涵，確實證知三種自性性，並得據此證解七眞如、十眞如等正理。每逢週二 18.50~20.50 開示，由平實導師詳解。將於《大法鼓經》講畢後開講。不限制聽講資格。

8、**成唯識論**詳解　詳解一切種智眞實正理，詳細剖析一切種智之微細深妙廣大正理；並加以舉例說明，使已悟之會員深入體驗所證如來藏之微密行相；及證驗見分相分與所生一切法，皆由如來藏—阿賴耶識—直接或展轉而生，因此證知一切法無我，證知無餘涅槃之本際。將於增上班《瑜伽師地論》講畢後，由平實導師重講。僅限已明心之會員參加。

9、**精選如來藏系經典**詳解　精選如來藏系經典一部，詳細解說，以此完全印證會員所悟如來藏之眞實，得入不退轉住。另行擇期詳細解說之，由平實導師講解。僅限已明心之會員參加。

10、**禪門差別智** 藉禪宗公案之微細淆訛難知難解之處，加以宣說及剖析，以增進明心、見性之功德，啓發差別智，建立擇法眼。每月第一週日全天，由平實導師開示，僅限破參明心後，復又眼見佛性者參加（事冗暫停）。

11、**枯木禪** 先講智者大師的《小止觀》，後說《釋禪波羅蜜》，詳解四禪八定之修證理論與實修方法，細述一般學人修定之邪見與岔路，及對禪定證境之誤會，消除枉用功夫、浪費生命之現象。已悟般若者，可以藉此而實修初禪，進入大乘通教及聲聞教的三果心解脫境界，配合應有的大福德及後得無分別智、十無盡願，即可進入初地心中。親教師：平實導師。未來緣熟時將於大溪正覺寺開講。不限制聽講資格。

註：本會例行年假，自 2004 年起，改爲每年農曆新年前七天開始停息弘法事務及共修課程，農曆正月 8 日回復所有共修及弘法事務。新春期間（每日 9.00~17.00）開放台北講堂，方便會員禮佛祈福及會外人士請書。大溪鎮的正覺祖師堂，開放參訪時間，詳見〈正覺電子報〉或成佛之道網站。本表得因時節因緣需要而隨時修改之，不另作通知。

佛教正覺同修會　贈閱書籍 目錄　　　　2014/01/09

1.無相念佛　　平實導師著　回郵 10 元
2.念佛三昧修學次第　平實導師述著　回郵 25 元
3.正法眼藏—護法集　平實導師述著　回郵 35 元
4.真假開悟簡易辨正法＆佛子之省思　　平實導師著　回郵 3.5 元
5.生命實相之辨正　平實導師著　回郵 10 元
6.如何契入念佛法門 (附：印順法師否定極樂世界) 平實導師著 回郵 3.5 元
7.平實書箋—答元覽居士書　　平實導師著　回郵 35 元
8.三乘唯識—如來藏系經律彙編　平實導師編　回郵 80 元
　　　　　　　　(精裝本　長 27 cm　寬 21 cm　高 7.5 cm　重 2.8 公斤)
9.三時繫念全集—修正本　　回郵掛號 40 元 (長 26.5 cm×寬 19 cm)
10.明心與初地　平實導師述　回郵 3.5 元
11.邪見與佛法　平實導師述著　回郵 20 元
12.菩薩正道—回應義雲高、釋性圓…等外道之邪見　正燦居士著 回郵 20 元
13.甘露法雨　平實導師述　回郵 20 元
14.我與無我　平實導師述　回郵 20 元
15.學佛之心態—修正錯誤之學佛心態始能與正法相應 孫正德老師著 回郵35元
　　　　　　　　　附錄：平實導師著《略說八、九識並存…等之過失》
16.大乘無我觀—《悟前與悟後》別說　　平實導師述著　回郵 20 元
17.佛教之危機—中國台灣地區現代佛教之真相 (附錄：公案拈提六則)
　　　　　　　　　　　　　　　　　　平實導師著　回郵 25 元
18.燈 影—燈下黑 (覆「求教後學」來函等)　平實導師著　回郵 35 元
19.護法與毀法—覆上平居士與徐恒志居士網站毀法二文
　　　　　　　　　　　　　　　　　張正圜老師著　回郵 35 元
20.淨土聖道—兼評選擇本願念佛　正德老師著　由正覺同修會購贈 回郵25元
21.辨唯識性相—對「紫蓮心海《辯唯識性相》書中否定阿賴耶識」之回應
　　　　　　　　　　　　　　正覺同修會 台南共修處法義組 著　回郵 25 元
22.假如來藏—對法蓮法師《如來藏與阿賴耶識》書中否定阿賴耶識之回應
　　　　　　　　　　　　　　正覺同修會 台南共修處法義組 著　回郵 35 元
23.入不二門—公案拈提集錦 第一輯 (於平實導師公案拈提諸書中選錄約二十則，
　　　　　　　　　合輯爲一冊流通之) 平實導師著　回郵 20 元
24.真假邪說—西藏密宗索達吉喇嘛《破除邪說論》真是邪說
　　　　　　　　　　　　　　　　釋正安法師著　回郵 35 元
25.真假開悟—真如、如來藏、阿賴耶識間之關係　平實導師述著　回郵 35 元
26.真假禪和—辨正釋傳聖之謗法謬說　孫正德老師著　回郵 30 元

27.**眼見佛性**─駁慧廣法師眼見佛性的含義文中謬説
游正光老師著　回郵25元

28.**普門自在**─公案拈提集錦 第二輯（於平實導師公案拈提諸書中選錄約二十
則，合輯爲一冊流通之）平實導師著　回郵25元

29.**印順法師的悲哀**─以現代禪的質疑為線索　恒毓博士著　回郵25元

30.**識蘊真義**─現觀識蘊內涵、取證初果、親斷三縛結之具體行門。
─依《成唯識論》及《唯識述記》正義，略顯安慧《大乘廣五蘊論》之邪謬
平實導師著　回郵35元

31.**正覺電子報** 各期紙版本　免附回郵　每次最多函索三期或三本。
（已無存書之較早各期，不另增印贈閱）

32.**現代人應有的宗教觀**　蔡正禮老師 著　回郵3.5元

33.**遠惑趣道**─正覺電子報般若信箱問答錄　第一輯　回郵20元

34.**遠惑趣道**─正覺電子報般若信箱問答錄　第二輯　回郵20元

35.**確保您的權益**─器官捐贈應注意自我保護　游正光老師 著　回郵10元

36.**正覺教團電視弘法三乘菩提 DVD 光碟 (一)**
由正覺教團多位親教師共同講述錄製 DVD 8 片，MP3 一片，共 9 片。
有二大講題：一爲「三乘菩提之意涵」，二爲「學佛的正知見」。內
容精闢，深入淺出，精彩絕倫，幫助大眾快速建立三乘法道的正知
見，免被外道邪見所誤導。有志修學三乘佛法之學人不可不看。（製
作工本費 100 元，回郵 25 元）

37.**正覺教團電視弘法 DVD 專輯 (二)**
總有二大講題：一爲「三乘菩提之念佛法門」，一爲「學佛正知見(第
二篇)」，由正覺教團多位親教師輪番講述，內容詳細闡述如何修學
念佛法門、實證念佛三昧，以及學佛應具有的正確知見，可以幫助
發願往生西方極樂淨土之學人，得以把握往生，更可令學人快速建
立三乘法道的正知見，免於被外道邪見所誤導。有志修學三乘佛法
之學人不可不看。（一套 17 片，工本費 160 元。回郵 35 元）

38.**佛藏經** 燙金精裝本　每冊回郵 20 元。正修佛法之道場欲大量索取者，
請正式發函並蓋用大印寄來索取（2008.04.30 起開始敬贈）

39.**喇嘛性世界**─揭開藏傳佛教譚崔瑜伽的面紗　張善思 等人合著
由正覺同修會購贈　回郵20元

40.**藏傳佛教的神話**─性、謊言、喇嘛教　張正玄教授編著　回郵20元
由正覺同修會購贈　回郵20元

41.**隨 緣**─理隨緣與事隨緣　平實導師述　回郵20元。

42.**學佛的覺醒**　正枝居士 著　回郵25元

43.**導師之真實義**　蔡正禮老師 著　回郵10元

44.**淺談達賴喇嘛之雙身法**─兼論解讀「密續」之達文西密碼
吳明芷居士 著　回郵10元

45.**魔界轉世**　張正玄居士 著　回郵10元

46.**一貫道與開悟**　蔡正禮老師 著　回郵10元

47.**博愛**——愛盡天下女人　正覺教育基金會 編印　回郵 10 元
48.**意識虛妄經教彙編**——實證解脫道的關鍵經文　正覺同修會編印　回郵 25 元
49.**廣論三部曲**　郭正益老師著　　回郵 20 元
51.**邪箭囈語**——從中觀的教證與理證，談多識仁波切《破魔金剛箭雨論——反擊
蕭平實對佛教正法的惡毒進攻》邪書的種種謬理
陸正元老師著　上、下冊回郵各 30 元，預定 2014/03/09 出版
52.**真假沙門**——依 佛聖教闡釋佛教僧寶之定義
蔡正禮老師著　俟正覺電子報連載後結集出版
53.**真假禪宗**——藉評論釋性廣《印順導師對變質禪法之批判
及對禪宗之肯定》以顯示真假禪宗
附論一：凡夫知見 無助於佛法之信解行證
附論二：世間與出世間一切法皆從如來藏實際而生而顯
余正偉老師著　俟正覺電子報連載後結集出版　回郵未定
54.**假鋒虛焰金剛乘**——揭示顯密正理，兼破索達吉師徒《般若鋒兮金剛焰》。
釋正安 法師著　俟正覺電子報連載後結集出版

★ 上列贈書之郵資，係台灣本島地區郵資，大陸、港、澳地區及外國地區，
請另計酌增（大陸、港、澳、國外地區之郵票不許通用）。尚未出版之
書，請勿先寄來郵資，以免增加作業煩擾。

★ 本目錄若有變動，唯於後印之書籍及「成佛之道」網站上修正公佈之，
不另行個別通知。

函索書籍請寄：佛教正覺同修會　103 台北市承德路 3 段 277 號 9 樓
台灣地區函索書籍者請附寄郵票，無時間購買郵票者可以等值現金抵用，
但不接受郵政劃撥、支票、匯票。大陸地區得以人民幣計算，國外地區請
以美元計算（請勿寄來當地郵票，在台灣地區不能使用）。欲以掛號寄遞
者，請另附掛號郵資。

親自索閱：正覺同修會各共修處。　★請於共修時間前往取書，餘時無人
在道場，請勿前往索取；共修時間與地點，詳見書末正覺同修會共修現況
表（以近期之共修現況表為準）。

註：正智出版社發售之局版書，請向各大書局購閱。若書局之書架上已經
售出而無陳列者，請向書局櫃台指定洽購；若書局不便代購者，請於正覺
同修會共修時間前往各共修處請購，正智出版社已派人於共修時間送書前
往各共修處流通。 郵政劃撥購書及 大陸地區 購書，請詳別頁正智出版
社發售書籍目錄最後頁之說明。

成佛之道 網站：http://www.a202.idv.tw 正覺同修會已出版之結緣書籍，多已登載於 成佛之道 網站，若住外國、或住處遙遠，不便取得正覺同修會贈閱書籍者，可以從本網站閱讀及下載。 書局版之《宗通與說通》亦已上網，台灣讀者可向書局洽購，成本價 200 元。《狂密與真密》第一輯~第四輯，亦於 2003.5.1.全部於本網站登載完畢；台灣地區讀者請向書局洽購，每輯約 400 頁，賠本流通價 140 元（網站下載紙張費用較貴，容易散失，難以保存，亦較不精美）。

＊＊藏傳佛教修雙身法，非佛教＊＊

1.**宗門正眼**—公案拈提 第一輯 重拈　　平實導師著　500 元
　　因重寫內容大幅度增加故，字體必須改小，並增為 576 頁 主文 546 頁。
　　比初版更精彩、更有內容。初版《禪門摩尼寶聚》之讀者，可寄回本公司
　　免費調換新版書。免附回郵，亦無截止期限。（2007 年起，每冊附贈本公
　　司精製公案拈提〈超意境〉CD 一片。市售價格 280 元，多購多贈。）
2.**禪淨圓融**　平實導師著　200 元（第一版舊書可換新版書。）
3.**真實如來藏**　平實導師著　400 元
4.**禪—悟前與悟後**　平實導師著　上、下冊，每冊 250 元
5.**宗門法眼**—公案拈提 第二輯　平實導師著　500 元
　　（2007 年起，每冊附贈本公司精製公案拈提〈超意境〉CD 一片）
6.**楞伽經詳解**　平實導師著　全套共 10 輯　每輯 250 元
7.**宗門道眼**—公案拈提 第三輯　平實導師著　500 元
　　（2007 年起，每冊附贈本公司精製公案拈提〈超意境〉CD 一片）
8.**宗門血脈**—公案拈提 第四輯　平實導師著　500 元
　　（2007 年起，每冊附贈本公司精製公案拈提〈超意境〉CD 一片）
9.**宗通與說通**—成佛之道 平實導師著　主文 381 頁 全書 400 頁 成本價 200 元
10.**宗門正道**—公案拈提 第五輯　平實導師著　500 元
　　（2007 年起，每冊附贈本公司精製公案拈提〈超意境〉CD 一片）
11.**狂密與真密** 一～四輯 平實導師著　西藏密宗是人間最邪淫的宗教，本質
　　不是佛教，只是披著佛教外衣的印度教性力派流毒的喇嘛教。此書中將
　　西藏密宗密傳之男女雙身合修樂空雙運所有祕密與修法，毫無保留完全
　　公開，並將全部喇嘛們所不知道的部分也一併公開。內容比大辣出版社
　　喧騰一時的《西藏慾經》更詳細。並且函蓋藏密的所有祕密及其錯誤的
　　中觀見、如來藏見……等，藏密的所有法義都在書中詳述、分析、辨正。
　　每輯主文三百餘頁　每輯全書約 400 頁　售價每輯 140 元
12.**宗門正義**—公案拈提 第六輯　平實導師著　500 元
　　（2007 年起，每冊附贈本公司精製公案拈提〈超意境〉CD 一片）
13.**心經密意**—心經與解脫道、佛菩提道、祖師公案之關係與密意 平實導師述 300 元
14.**宗門密意**—公案拈提 第七輯　平實導師著　500 元
　　（2007 年起，每冊附贈本公司精製公案拈提〈超意境〉CD 一片）
15.**淨土聖道**—兼評「選擇本願念佛」　正德老師著　200 元
16.**起信論講記**　平實導師述著　共六輯　每輯三百餘頁　成本價各 200 元
17.**優婆塞戒經講記**　平實導師述著　共八輯 每輯三百餘頁 成本價各 200 元
18.**真假活佛**—略論附佛外道盧勝彥之邪說（對前岳靈犀網站主張「盧勝彥是
　　　　　　　　證悟者」之修正）正犀居士（岳靈犀）著　流通價 140 元
19.**阿含正義**—唯識學探源 平實導師著　共七輯　每輯 250 元

20.**超意境** CD 以平實導師公案拈提書中超越意境之頌詞，加上曲風優美的旋律，錄成令人嚮往的超意境歌曲，其中包括正覺發願文及平實導師親自譜成的黃梅調歌曲一首。詞曲雋永，殊堪翫味，可供學禪者吟詠，有助於見道。內附設計精美的彩色小冊，解說每一首詞的背景本事。每片 280 元。【每購買公案拈提書籍一冊，即贈送一片。】

21.**菩薩底憂鬱** CD 將菩薩情懷及禪宗公案寫成新詞，並製作成超越意境的優美歌曲。 1.主題曲〈菩薩底憂鬱〉，描述地後菩薩能離三界生死而迴向繼續生在人間，但因尚未斷盡習氣種子而有極深沈之憂鬱，非三賢位菩薩及二乘聖者所知，此憂鬱在七地滿心位方才斷盡；本曲之詞中所說義理極深，昔來所未曾見；此曲係以優美的情歌風格寫詞及作曲，聞者得以激發嚮往諸地菩薩境界之大心，詞、曲都非常優美，難得一見；其中勝妙義理之解說，已印在附贈之彩色小冊中。 2.以各輯公案拈提中直示禪門入處之頌文，作成各種不同曲風之超意境歌曲，值得玩味、參究；聆聽公案拈提之優美歌曲時，請同時閱讀內附之印刷精美說明小冊，可以領會超越三界的證悟境界；未悟者可以因此引發求悟之意向及疑情，真發菩提心而邁向求悟之途，乃至因此真實悟入般若，成真菩薩。 3.正覺總持咒新曲，總持佛法大意；總持咒之義理，已加以解說並印在隨附之小冊中。本 CD 共有十首歌曲，長達 63 分鐘，請直接向各市縣鄉鎮之 CD 販售店購買，本公司及各講堂都不販售。每盒各附贈二張購書優惠券。

22.**禪意無限** CD 平實導師以公案拈提書中偈頌寫成不同風格曲子，與他人所寫不同風格曲子共同錄製出版，幫助參禪人進入禪門超越意識之境界。盒中附贈彩色印製的精美解說小冊，以供聆聽時閱讀，令參禪人得以發起參禪之疑情，即有機會證悟本來面目而發起實相智慧，實證大乘菩提般若，能如實證知般若經中的真實意。本 CD 共有十首歌曲，長達 69 分鐘，於 2012 年五月下旬公開發行，請直接向各市縣鄉鎮之 CD 販售店購買，本公司及各講堂都不販售。每盒各附贈二張購書優惠券。〈禪意無限〉出版後將不再錄製 CD，特此公告。

23.**我的菩提路**第一輯　釋悟圓、釋善藏等人合著　售價 200 元

24.**我的菩提路**第二輯　郭正益、張志成等人合著　售價 250 元

25.**鈍鳥與靈龜**——考證後代凡夫對大慧宗杲禪師的無根誹謗。

平實導師著 共 458 頁　售價 250 元

26.**維摩詰經講記** 平實導師述　共六輯 每輯三百餘頁 優惠價各 200 元

27.**真假外道**——破劉東亮、杜大威、釋證嚴常見外道見　正光老師著　200 元

28.**勝鬘經講記**——兼論印順《勝鬘經講記》對於《勝鬘經》之誤解。

平實導師述　共六輯 每輯三百餘頁 優惠價 200 元

29.**楞嚴經講記** 平實導師述 共 **15** 輯，每輯三百餘頁 優惠價 200 元

30.**明心與眼見佛性**——駁慧廣〈蕭氏「眼見佛性」與「明心」之非〉文中謬說

正光老師著 共 448 頁　成本價 250 元

31.**見性與看話頭** 黃正倖老師 著,本書是禪宗參禪的方法論。

內文 375 頁,全書 416 頁,定價 300 元。

32.**達賴真面目**—玩盡天下女人 白正偉老師 等著 中英對照彩色精裝大本 800 元

33.**喇嘛性世界**—揭開藏傳佛教譚崔瑜伽的面紗 張善思 等人著 200 元

34.**藏傳佛教的神話**—性、謊言、喇嘛教 正玄教授編著 200 元

35.**金剛經宗通** 平實導師述 共 9 輯 每輯三百餘頁 售價 200 元

36.**空行母**—性別、身分定位,以及藏傳佛教。

珍妮·坎貝爾著 呂艾倫 中譯 售價 250 元

37.**末代達賴**—性交教主的悲歌 張善思、呂艾倫、辛燕編著 售價 250 元

38.**霧峰無霧**—給哥哥的信 辨正釋印順對佛法的無量誤解

游宗明 老師著 成本價 200 元

39.**第七意識與第八意識?** 平實導師述 每冊 250 元

40.**黯淡的達賴**—失去光彩的諾貝爾和平獎

正覺教育基金會編著 每冊 250 元

41.**童女迦葉考**—論呂凱文〈佛教輪迴思想的論述分析〉之謬。

平實導師 著 定價 180 元

42.**人間佛教**—實證者必定不悖三乘菩提

平實導師 述,定價 300 元

43.**實相經宗通** 平實導師述 共八輯 每輯 250 元

2014 年 1 月 31 日出版第一輯,每二個月出版一輯

44.**佛法入門**—迅速進入三乘佛法大門,消除久學佛法漫無方向之窘境。

○○居士著 將於正覺電子報連載後出版。售價 250 元

45.**藏傳佛教要義**—《狂密與真密》之簡體字版 平實導師 著 上、下冊

僅在大陸流通 每冊 300 元

46.**中觀金鑑**—詳述應成派中觀的起源與其破法、凡夫見本質

孫正德老師著,即將出版,出版日期、書價未定。

47.**法華經講義** 平實導師述 每輯 250 元

俟《實相經宗通》出版完畢後開始逐輯出版,大約 25 輯。

48.**廣論之平議**—宗喀巴《菩提道次第廣論》之平議 正雄居士著

約二或三輯 俟正覺電子報連載後結集出版 書價未定

49.**末法導護**—對印順法師中心思想之綜合判攝 正慶老師著 書價未定

50.**菩薩學處**—菩薩四攝六度之要義 陸正元老師著 出版日期未定。

51.**八識規矩頌詳解** ○○居士 註解 出版日期另訂 書價未定。

52.**印度佛教史**—法義與考證。依法義史實評論印順《印度佛教思想史、佛教史地考論》之謬說 正偉老師著 出版日期未定 書價未定

53.**中國佛教史**—依中國佛教正法史實而論。 ○○老師 著 書價未定。

54.**中論正義**—釋龍樹菩薩《中論》頌正理。

孫正德老師著 出版日期未定 書價未定

55.**中觀正義**——註解平實導師《中論正義頌》。

　　　　　　　　　　　○○法師（居士）著　出版日期未定　書價未定

56.**佛藏經講記**　平實導師述　出版日期未定　書價未定

57.**阿含經講記**——將選錄四阿含中數部重要經典全經講解之，講後整理出版。

　　　　　　　　平實導師述　約二輯　每輯250元　出版日期未定

58.**寶積經講記**　平實導師述　每輯三百餘頁　優惠價250元　出版日期未定

59.**解深密經講記**　平實導師述　約四輯　將於重講後整理出版

60.**成唯識論略解**　平實導師著　五～六輯　每輯250元　出版日期未定

61.**修習止觀坐禪法要講記**　平實導師述　每輯三百餘頁　出版日期未定

　　　　　　　　將於正覺寺建成後重講、以講記逐輯出版　日期未定

62.**無門關**——《無門關》公案拈提　平實導師著　出版日期未定

63.**中觀再論**——兼述印順《中觀今論》謬誤之平議。正光老師著　出版日期未定

64.**輪迴與超度**——佛教超度法會之真義。

　　　　　　　　　　　○○法師（居士）著　出版日期未定　書價未定

65.**《釋摩訶衍論》平議**——對偽稱龍樹所造《釋摩訶衍論》之平議

　　　　　　　　　　　○○法師（居士）著　出版日期未定　書價未定

66.**正覺發願文**註解——以真實大願為因　得證菩提

　　　　　　　　正德老師著　　出版日期未定　　書價未定

67.**正覺總持咒**——佛法之總持　正圜老師著　出版日期未定　書價未定

68.**涅槃**——論四種涅槃　平實導師著　出版日期未定　書價未定

69.**三自性**——依四食、五蘊、十二因緣、十八界法，說三性三無性。

　　　　　　　　　　　　　作者未定　　出版日期未定

70.**道品**——從三自性說大小乘三十七道品　作者未定　　出版日期未定

71.**大乘緣起觀**——依四聖諦七真如現觀十二緣起　作者未定　出版日期未定

72.**三德**——論解脫德、法身德、般若德。　　作者未定　　出版日期未定

73.**真假如來藏**——對印順《如來藏之研究》謬說之平議　作者未定　出版日期未定

74.**大乘道次第**　作者未定　出版日期未定　書價未定

75.**四緣**——依如來藏故有四緣。　作者未定　　出版日期未定

76.**空之探究**——印順《空之探究》謬誤之平議　作者未定　出版日期未定

77.**十法義**——論阿含經中十法之正義　作者未定　　出版日期未定

78.**外道見**——論述外道六十二見　　作者未定　　出版日期未定

總經銷： 飛鴻 國際行銷股份有限公司
　　　　　231 新北市新店市中正路 501 之 9 號 2 樓
　　　　　Tel.02－82186688（五線代表號）　Fax.02-82186458、82186459
零售：1.全台連鎖經銷書局：
　　　　　三民書局、誠品書局、何嘉仁書店
　　　　　敦煌書店、紀伊國屋、金石堂書局、建宏書局
2.台北市：佛化人生 羅斯福路 3 段 325 號 5 樓 台電大樓對面
　　士林圖書　士林區大東路 86 號　　書田文化　大安路一段 245 號
　　書田文化　南京東路四段 137 號 B1　人人書局　大直北安路 524 號
3.新北市：　阿福的書店 蘆洲中正路 233 號（02-28472609）
　　春大地書店 蘆洲中正路 117 號　　　明達書局 三重五華街 129 號
　　一全書店 中和興南路一段 10 號
4.桃園市縣：誠品書局 桃園市中正路 20 號遠東百貨地下室一樓
　　金石堂 桃園市大同路 24 號　　　金石堂 桃園八德市介壽路 1 段 987 號
　　諾貝爾圖書城 桃園市中正路 56 號地下室　　金義堂 中壢市中美路 2 段 82 號
　　墊腳石文化書店 中壢市中正路 89 號　　巧巧屋書局 蘆竹南崁路 263 號
　　來電書局 大溪慈湖路 30 號　　　御書堂 龍潭中正路 123 號
5.新竹市縣：大學書局 新竹建功路 10 號　　聯成書局 新竹中正路 360 號
　　誠品書局　新竹東區信義街 68 號　　　誠品書局　新竹東區力行二路 3 號
　　誠品書局　新竹東區民族路 2 號　　　墊腳石文化書店　新竹中正路 38 號
　　金典文化 竹北中正西路 47 號　　　展書堂 竹東長春路 3 段 36 號
6.苗栗市縣：建國書局苗栗市中山路 566 號　萬花筒書局苗栗市府東路 73 號
　　　　　　展書堂 竹南民權街 49-2 號
7.台中市：　瑞成書局、各大連鎖書店。
　　詠春書局 台中市永春東路 884 號　　　文春書局　霧峰中正路 1087 號
8.彰化市縣：心泉佛教流通處 彰化市南瑤路 286 號
　　　員林鎮：墊腳石圖書文化廣場 中山路 2 段 49 號（04-8338485）
9.台南市：宏昌書局 台南北門路一段 136 號
　　博大書局 新營三民路 128 號　　　藝美書局 善化中山路 436 號
　　宏欣書局 佳里光復路 214 號
10.高雄市：各大連鎖書店、瑞成書局
　　政大書城 三民區明仁路 161 號　政大書城 苓雅區光華路 148-83 號
　　明儀書局 三民區明福街 2 號　　明儀書局 三多四路 63 號
　　青年書局 青年一路 141 號
11.宜蘭縣市：金隆書局　宜蘭市中山路 3 段 43 號
　　　　　　　宋太太梅鋪　羅東鎮中正北路 101 號（039-534909）
12.台東市：東普佛教文物流通處 台東市博愛路 282 號

13.**其餘鄉鎮市經銷書局**：請電詢總經銷**飛鴻**公司。
14.**大陸地區請洽：**
　　香港：樂文書店（旺角　西洋菜街 62 號 3 樓、銅鑼灣　駱克道 506 號 3 樓）
　　廈門：廈門外圖臺灣書店有限公司
　　　　　　商品部：范清潔
　　　　　　廈門市湖裡區悅華路 8 號外圖物流大廈 4 樓（郵編：361006）
　　　　　　電話：0592-2230177　0592-5680816　傳真：0592-5365089
　　　　　　（臺灣地區請撥打 86-592-2230177　86-592-5680816）
　　　　　　網址：JKB118@188.COM
15.**美國：世界日報圖書部**：紐約圖書部　電話 7187468889#6262
　　　　　　　　　　　　　　　洛杉磯圖書部　電話 3232616972#202
16.**國內外地區網路購書：**
　　正智出版社　書香園地　http://books.enlighten.org.tw/
　　　　　　　　　　　　　（書籍簡介、直接聯結下列網路書局購書）
　　三民　網路書局　http://www.Sanmin.com.tw
　　誠品　網路書局　http://www.eslitebooks.com
　　博客來　網路書局　http://www.books.com.tw
　　金石堂　網路書局　http://www.kingstone.com.tw
　　飛鴻　網路書局　http://fh6688.com.tw

附註：1.請儘量向各經銷書局購買：郵政劃撥需要十天才能寄到（本公司在您劃撥後第四天才能接到劃撥單，次日寄出後第四天您才能收到書籍，此八天中一定會遇到週休二日，是故共需十天才能收到書籍）若想要早日收到書籍者，請劃撥完畢後，將劃撥收據貼在紙上，旁邊寫上您的姓名、住址、郵區、電話、買書詳細內容，直接傳真到本公司 02-28344822，並來電 02-28316727、28327495 確認是否已收到您的傳真，即可提前收到書籍。　2.因台灣每月皆有五十餘種宗教類書籍上架，書局書架空間有限，故唯有新書方有機會上架，通常每次只能有一本新書上架；本公司出版新書，大多上架不久便已售出，若書局未再叫貨補充者，書架上即無新書陳列，則請直接向書局櫃台訂購。　3.若書局不便代購時，可於晚上共修時間向正覺同修會各共修處請購（共修時間及地點，詳閱**共修現況表**。每年例行年假期間請勿前往請書，年假期間請見共修現況表）。　4.郵購：郵政劃撥帳號 19068241。　5.正覺同修會會員購書都以八折計價（戶籍台北市者為一般會員，外縣市為護持會員）都可獲得優待，欲一次購買全部書籍者，可以考慮入會，節省書費。入會費一千元（第一年初加入時才需要繳），年費二千元。6.**尚未出版之書籍，請勿預先郵寄書款與本公司，謝謝您！**　7.若欲一次購齊本公司書籍，或同時取得正覺同修會贈閱之全部書籍者，請於正覺同修會共修時間，親到各共修處請購及索取；**台北市讀者**請洽：103 台北市承德路三段 267 號 10 樓（捷運淡水線　圓山站旁）請書時間：週一至週五為

18.00~21.00，第一、三、五週週六為 10.00~21.00，雙週之週六為 10.00~18.00
請購處專線電話：25957295-分機 14（於請書時間方有人接聽）。

關於平實導師的書訊，請上網查閱：
　　成佛之道　http://www.a202.idv.tw
　　正智出版社　書香園地　http://books.enlighten.org.tw/

★正智出版社有限公司售書之稅後盈餘，全部捐助財團法人正覺寺籌
備處、佛教正覺同修會、正覺教育基金會，供作弘法及購建道場之用；
懇請諸方大德支持，功德無量★

★　聲　明　★

本社預定於 2015/01/01 開始調整本目錄中部分書籍之售價，《金剛經
宗通》、《優婆塞戒經講記》、《勝鬘經講記》、《楞嚴經講記》、《維摩詰
經講記》、《起信論講記》等套書都以成本價 200 元出售，屆時將改為
每冊 250 元。《狂密與真密》將改為每冊 300 元。《我的菩提路－第一輯》
及《鈍鳥與靈龜》將改為 300 元，以因應各項成本的持續增加。

　＊喇嘛教修外道雙身法、墮識陰境界，非佛教　＊
　＊弘揚如來藏他空見的覺囊派才是真正藏傳佛教　＊

正智出版社有限公司書籍介紹

禪淨圓融：言淨土諸祖所未曾言，示諸宗祖師所未曾示；禪淨圓融，另闢成佛捷徑，兼顧自力他力，闡釋淨土門之速行易行道，亦同時揭櫫聖教門之速行易行道；令廣大淨土行者得免緩行難證之苦，亦令聖道門行者得以藉著淨土速行道而加快成佛之時劫。乃前無古人之超勝見地，非一般弘揚禪淨法門典籍也，先讀為快。平實導師著 200元。

宗門正眼—**公案拈提**第一輯：繼承克勤圓悟大師碧巖錄宗旨之禪門鉅作。先則舉示當代大法師之邪說，消弭當代禪門大師鄉愿之心態，摧破當今禪門「世俗禪」之妄談；次則旁通教法，表顯宗門正理；繼以道之次第，消弭古今狂禪；後藉言語及文字機鋒，直示宗門入處。悲智雙運，禪味十足，數百年來難得一睹之禪門鉅著也。平實導師著 500元（原初版書《禪門摩尼寶聚》，改版後補充為五百餘頁新書，總計多達二十四萬字，內容更精彩，並改名為《宗門正眼》，讀者原購初版《禪門摩尼寶聚》皆可寄回本公司免費換新，免附回郵，亦無截止期限）（2007年起，凡購買公案拈提第一輯至第七輯，每購一輯皆贈送本公司精製公案拈提〈超意境〉CD一片，市售價格280元，多購多贈）。

禪─悟前與悟後：本書能建立學人悟道之信心與正確知見，圓滿具足而有次第地詳述禪悟之功夫與禪悟之內容，指陳參禪中細微淆訛之處，能使學人明自眞心、見自本性。若未能悟入，亦能以正確知見辨別古今中外一切大師究係眞悟？或屬錯悟？便有能力揀擇，捨名師而選明師，後時必有悟道之緣。一旦悟道，遲者七次人天往返，便出三界，速者一生取辦。學人欲求開悟者，不可不讀。　平實導師著。上、下冊共500元，單冊250元。

真實如來藏：如來藏眞實存在，乃宇宙萬有之本體，並非印順法師、達賴喇嘛等人所說之「唯有名相、無此心體」。如來藏是涅槃之本際，是一切有智之人竭盡心智、不斷探索而不能得之生命實相；是古今中外許多大師自以爲悟而當面錯過之生命實相。如來藏即是阿賴耶識，乃是一切有情本自具足、不生不滅之眞實心。當代中外大師於此書出版之前所未能言者，作者於本書中盡情流露、詳細闡釋。眞悟者讀之，必能增益悟境、智慧增上；錯悟者讀之，必能檢討自己之錯誤，免犯大妄語業；未悟者讀之，能知參禪之理路，亦能以之檢查一切名師是否眞悟。此書是一切哲學家、宗教家、學佛者及欲昇華心智之人必讀之鉅著。　平實導師著　售價400元。

宗門法眼—**公案拈提**第二輯：列舉實例，闡釋土城廣欽老和尚之悟處；並直示這位不識字的老和尚妙智橫生之根由，繼而剖析禪宗歷代大德之開悟公案，解析當代密宗高僧卡盧仁波切之錯悟證據，並例舉當代顯宗高僧、大居士之錯悟證據（凡健在者，為免影響其名聞利養，皆隱其名）。藉辨正當代名師之邪見，向廣大佛子指陳禪悟之正道，彰顯宗門法眼。悲勇兼出，強捋虎鬚；慈智雙運，巧探驪龍；摩尼寶珠在手，直示宗門入處，禪味十足；若非大悟徹底，不能為之。禪門精奇人物，允宜人手一冊，供作參究及悟後印證之圭臬。本書於2008年4月改版，增寫為大約500頁篇幅，以利學人研讀參究時更易悟入宗門正法，以前所購初版首刷及初版二刷舊書，皆可免費換取新書。平實導師著　500元（2007年起，凡購買公案拈提第一輯至第七輯，每購一輯皆贈送本公司精製公案拈提〈超意境〉CD一片，市售價格280元，多購多贈）。

宗門道眼—**公案拈提**第三輯：繼宗門法眼之後，再以金剛之作略、慈悲之胸懷、犀利之筆觸，舉示寒山、拾得、布袋三大士之悟處，消弭當代錯悟者對於寒山大士……等之誤會及誹謗。　亦舉出民初以來與虛雲和尚齊名之蜀郡鹽亭袁煥仙夫子——南懷瑾老師之師，其「悟處」何在？並蒐羅許多真悟祖師之證悟公案，顯示禪宗歷代祖師之睿智，指陳部分祖師、奧修及當代顯密大師之謬悟，作為殷鑑，幫助禪子建立及修正參禪之方向及知見。假使讀者閱此書已，一時尚未能悟，亦可一面加功用行，一面以此宗門道眼辨別真假善知識，避開錯誤之印證及歧路，可免大妄語業之長劫慘痛果報。欲修禪宗之禪者，務請細讀。平實導師著　售價500元（2007年起，凡購買公案拈提第一輯至第七輯，每購一輯皆贈送本公司精製公案拈提〈超意境〉CD一片，市售價格280元，多購多贈）。

楞伽經詳解：本經是禪宗見道者印證所悟真偽之根本經典，亦是禪宗見道者悟後起修之依據經典；故達摩祖師於印證二祖慧可大師之後，將此經典連同佛鉢祖衣一併交付二祖，令其依此經典佛示金言、進入修道位，修學一切種智。由此可知此經對於真悟之人修學佛道，是非常重要之一部經典。此經能破外道邪說，亦破佛門中錯悟名師之謬說，亦破禪宗部分祖師之狂禪：不讀經典、一向主張「一悟即成究竟佛」之謬執。並開示愚夫所行禪、觀察義禪、攀緣如禪、如來禪等差別，令行者對於三乘禪法差異有所分辨；亦糾正禪宗祖師古來對於如來禪之誤解，嗣後可免以訛傳訛之弊。此經亦是法相唯識宗之根本經典，禪者悟後欲修一切種智而入初地者，必須詳讀。　平實導師著，全套共十輯，已全部出版完畢，每輯主文約320頁，每冊約352頁，定價250元。

宗門血脈——**公案拈提**第四輯：末法怪象—許多修行人自以為悟，每將無念靈知認作真實；崇尚二乘法諸師及其徒眾，則將外於如來藏之緣起性空—無因論之無常空、斷滅空、一切法空—錯認為　佛所說之般若空性。這兩種現象已於當今海峽兩岸及美加地區顯密大師之中普遍存在；人人自以為悟，心高氣壯，便敢寫書解釋祖師證悟之公案，大多出於意識思惟所得，言不及義，錯誤百出，因此誤導廣大佛子同陷大妄語之地獄業中而不能自知。彼等書中所說之悟處，其實處處違背第一義經典之聖言量。彼等諸人不論是否身披袈裟，都非佛法宗門血脈，或雖有禪宗法脈之傳承，亦只徒具形式；猶如螟蛉，非真血脈，未悟得根本真實故。禪子欲知佛、祖之真血脈者，請讀此書，便知分曉。平實導師著，主文452頁，全書464頁，定價500元（2007年起，凡購買公案拈提第一輯至第七輯，每購一輯皆贈送本公司精製公案拈提〈超意境〉CD一片，市售價格280元，多購多贈）。

宗通與說通：古今中外，錯誤之人如麻似粟，每以常見外道所說之靈知心，認作真心；或妄想虛空之勝性能量爲眞如，或錯認物質四大元素藉冥性（靈知心本體）能成就吾人色身及知覺，或認初禪至四禪中之了知心爲不生不滅之涅槃心。此等皆非通宗者之見地。復有錯悟之人一向主張「宗門與教門不相干」，此即尚未通達宗門之人也。其實宗門與教門互通不二，宗門所證者乃是眞如與佛性，教門所說者乃說宗門證悟之眞如佛性，故教門與宗門不二。本書作者以宗教二門互通之見地，細說「宗通與說通」，從初見道至悟後起修之道、細說分明；並將諸宗諸派在整體佛教中之地位與次第，加以明確之教判，學人讀之即可了知佛法之梗概也。欲擇明師學法之前，允宜先讀。平實導師著，主文共381頁，全書392頁，只售成本價200元。

宗門正道—公案拈提第五輯：修學大乘佛法有二果須證—解脫果及大菩提果。二乘人不證大菩提果，唯證解脫果；此果之智慧，名爲聲聞菩提、緣覺菩提。大乘佛子所證二果之菩提果爲佛菩提，故名大菩提果，其慧名爲一切種智—函蓋二乘解脫果。然此大乘二果修證，須經由禪宗之宗門證悟方能相應。而宗門證悟極難，自古已然；其所以難者，咎在古今佛教界普遍存在三種邪見：1.以修定認作佛法， 2.以無因論之緣起性空—否定涅槃本際如來藏以後之一切法空作爲佛法， 3.以常見外道邪見（離語言妄念之靈知性）作爲佛法。 如是邪見，或因自身正見未立所致，或因邪師之邪教導所致，或因無始劫來虛妄熏習所致。若不破除此三種邪見，永劫不悟宗門眞義、不入大乘正道，唯能外門廣修菩薩行。 平實導師於此書中，有極爲詳細之說明，有志佛子欲摧邪見、入於內門修菩薩行者，當閱此書。主文共496頁，全書512頁。售價500元（2007年起，凡購買公案拈提第一輯至第七輯，每購一輯皆贈送本公司精製公案拈提〈超意境〉CD一片，市售價格280元，多購多贈）。

平實居士 著
狂密與真密

狂密與真密：密教之修學，皆由有相之觀行法門而入，其最終目標仍不離顯教經典所說第一義諦之修證；若離顯教第一義經典、或違背顯教第一義經典，即非佛教。西藏密教之觀行法，如灌頂、觀想、遷識法、寶瓶氣、大聖歡喜雙身修法、喜金剛、無上瑜伽、大樂光明、樂空雙運等，皆是印度教兩性生生不息思想之轉化，自始至終皆以如何能運用交合淫樂之法達到全身受樂爲其中心思想，純屬欲界五欲的貪愛，不能令人超出欲界輪迴，更不能令人斷除我見；何況大乘之明心與見性，更無論矣！故密宗之法絕非佛法也。而其明光大手印、大圓滿法教，又皆同以常見外道所說離語言妄念之無念靈知心錯認爲佛地之眞如，不能直指不生不滅之眞如。西藏密宗所有法王與徒眾，都尚未開頂門眼，不能辨別眞僞，以依人不依法、依密續不依經典故，不肯將其上師喇嘛所說對照第一義經典，純依密續之藏密祖師所說爲準，因此而誇大其證德與證量，動輒謂彼祖師上師爲究竟佛、爲地上菩薩；如今台海兩岸亦有自謂其師證量高於　釋迦文佛者，然觀其師所述，猶未見道，仍在觀行即佛階段，尚未到禪宗相似即佛、分證即佛階位，竟敢標榜爲究竟佛及地上法王，誑惑初機學人。凡此怪象皆是狂密，不同於眞密之修行者。近年狂密盛行，密宗行者被誤導者極眾，動輒自謂已證佛地眞如，自視爲究竟佛，陷於大妄語業中而不知自省，反謗顯宗眞修實證者之證量粗淺；或如義雲高與釋性圓…等人，於報紙上公然誹謗眞實證道者爲「騙子、無道人、人妖、癩蛤蟆…」等，造下誹謗大乘勝義僧之大惡業；或以外道法中有爲有作之甘露、魔術……等法，誑騙初機學人，狂言彼外道法爲眞佛法。如是怪象，在西藏密宗及附藏密之外道中，不一而足，舉之不盡，學人宜應愼思明辨，以免上當後又犯毀破菩薩戒之重罪。密宗學人若欲遠離邪知邪見者，請閱此書，即能了知密宗之邪謬，從此遠離邪見與邪修，轉入眞正之佛道。　平實導師著　共四輯　每輯約400頁（主文約340頁）每輯賠本價140元。

宗門正義—**公案拈提**第六輯：佛教有六大危機，乃是藏密化、世俗化、膚淺化、學術化、宗門密意失傳、悟後進修諸地之次第混淆；其中尤以宗門密意之失傳，爲當代佛教最大之危機。由宗門密意失傳故，易令 世尊本懷普被錯解，易令 世尊正法被轉易爲外道法，以及加以淺化、世俗化，是故宗門密意之廣泛弘傳與具緣佛弟子，極爲重要。然而欲令宗門密意之廣泛弘傳予具緣之佛弟子者，必須同時配合錯誤知見之解析、普令佛弟子知之，然後輔以公案解析之直示入處，方能令具緣之佛弟子悟入。而此二者，皆須以公案拈提之方式爲之，方易成其功、竟其業，是故平實導師續作宗門正義一書，以利學人。 全書500餘頁，售價500元（2007年起，凡購買公案拈提第一輯至第七輯，每購一輯皆贈送本公司精製公案拈提〈超意境〉CD一片，市售價格280元，多購多贈）。

心經密意—心經與解脫道、佛菩提道、祖師公案之關係與密意。 二乘菩提所證之解脫道，實依第八識心之斷除煩惱障現行而立解脫之名；大乘菩提所證之佛菩提道，實依親證第八識如來藏之涅槃性、清淨自性、及其中道性而立般若之名；禪宗祖師公案所證之眞心，即是此第八識如來藏；是故三乘佛法所修所證之三乘菩提，皆依此如來藏心而立名也。此第八識心，即是《心經》所說之心也。證得此如來藏已，即能漸入大乘佛菩提道，亦可因證知此心而了知二乘無學所不能知之無餘涅槃本際，是故《心經》之密意，與三乘佛菩提之關係極爲密切、不可分割，三乘佛法皆依此心而立名故。今者平實導師以其所證解脫道之無生智及佛菩提之般若種智，將《心經》與解脫道、佛菩提道、祖師公案之關係與密意，以演講之方式，用淺顯之語句和盤托出，發前人所未言，呈三乘菩提之眞義，令人藉此《心經密意》一舉而窺三乘菩提之堂奧，迴異諸方言不及義之說；欲求眞實佛智者、不可不讀！主文317頁，連同跋文及序文…等共384頁，售價300元。

宗門密意─**公案拈提**第七輯：佛教之世俗化，將導致學人以信仰作爲學佛，則將以感應及世間法之庇祐，作爲學佛之主要目標，不能了知學佛之主要目標爲親證三乘菩提。大乘菩提則以般若實相智慧爲主要修習目標，以二乘菩提解脫道爲附帶修習之標的；是故學習大乘法者，應以禪宗之證悟爲要務，能親入大乘菩提之實相般若智慧中故，般若實相智慧非二乘聖人所能知故。此書則以台灣世俗化佛教之三大法師，說法似是而非之實例，配合眞悟祖師之公案解析，提示證悟般若之關節，令學人易得悟入。平實導師著，全書五百餘頁，售價500元（2007年起，凡購買公案拈提第一輯至第七輯，每購一輯皆贈送本公司精製公案拈提〈超意境〉CD一片，市售價格280元，多購多贈）。

淨土聖道─兼評日本本願念佛：佛法甚深極廣，般若玄微，非諸二乘聖僧所能知之，一切凡夫更無論矣！所謂一切證量皆歸淨土是也！是故大乘法中「聖道之淨土、淨土之聖道」，其義甚深，難可了知；乃至眞悟之人，初心亦難知也。今有正德老師眞實證悟後，復能深探淨土與聖道之緊密關係，憐憫眾生之誤會淨土實義，亦欲利益廣大淨土行人同入聖道，同獲淨土中之聖道門要義，乃振奮心神、書以成文，今得刊行天下。主文279頁，連同序文等共301頁，總有十一萬六千餘字，正德老師著，成本價200元。

起信論講記：詳解大乘起信論心生滅門與心真如門之真實意旨，消除以往大師與學人對起信論所說心生滅門之誤解，由是而得了知真心如來藏之非常非斷中道正理；亦因此一講解，令此論以往隱晦而被誤解之真實義，得以如實顯示，令大乘佛菩提道之正理得以顯揚光大；初機學者亦可藉此正論所顯示之法義，對大乘法理生起正信，從此得以真發菩提心，真入大乘法中修學，世世常修菩薩正行。平實導師演述，共六輯，都已出版，每輯三百餘頁，優惠價各200元。

優婆塞戒經講記：本經詳述在家菩薩修學大乘佛法，應如何受持菩薩戒？對人間善行應如何看待？對三寶應如何護持？應如何正確地修集此世後世證法之福德？應如何修集後世「行菩薩道之資糧」？並詳述第一義諦之正義：五蘊非我非異我、自作自受、異作異受、不作不受……等深妙法義，乃是修學大乘佛法、行菩薩行之在家菩薩所應當了知者。出家菩薩今世或未來世登地已，捨報之後多數將如華嚴經中諸大菩薩，以在家菩薩身而修行菩薩行，故亦應以此經所述正理而修之，配合《楞伽經、解深密經、楞嚴經、華嚴經》等道次第正理，方得漸次成就佛道；故此經是一切大乘行者皆應證知之正法。　平實導師講述，每輯三百餘頁，優惠價各200元；共八輯，已全部出版。

真假活佛—略論附佛外道盧勝彥之邪說：人人身中都有眞活佛，永生不滅而有大神用，但眾生都不了知，所以常被身外的西藏密宗假活佛籠罩欺瞞。本來就眞實存在的眞活佛，才是眞正的密宗無上密！諸那活佛因此而說禪宗是大密宗，但藏密的所有活佛都不知道、也不曾實證自身中的眞活佛。本書詳實宣示眞活佛的道理，舉證盧勝彥的「佛法」不是眞佛法，也顯示盧勝彥是假活佛，直接的闡釋第一義佛法見道的眞實正理。眞佛宗的所有上師與學人們，都應該詳細閱讀，包括盧勝彥個人在內。正犀居士著，優惠價140元。

阿含正義—唯識學探源：廣說四大部《阿含經》諸經中隱說之眞正義理，一一舉示佛陀本懷，令阿含時期初轉法輪根本經典之眞義，如實顯現於佛子眼前。並提示末法大師對於阿含眞義誤解之實例，一一比對之，證實唯識增上慧學確於原始佛法之阿含諸經中已隱覆密意而略說之，證實世尊確於原始佛法中已曾密意而說第八識如來藏之總相；亦證實 世尊在四阿含中已說此藏識是名色十八界之因、之本—證明如來藏是能生萬法之根本心。佛子可據此修正以往受諸大師（譬如西藏密宗應成派中觀師：印順、昭慧、性廣、大願、達賴、宗喀巴、寂天、月稱、……等人）誤導之邪見，建立正見，轉入正道乃至親證初果而無困難；書中並詳說三果所證的心解脫，以及四果慧解脫的親證，都是如實可行的具體知見與行門。全書共七輯，已出版完畢。平實導師著，每輯三百餘頁，定價250元。

超意境ＣＤ：以平實導師公案拈提書中超越意境之頌詞，加上曲風優美的旋律，錄成令人嚮往的超意境歌曲，其中包括正覺發願文及平實導師親自譜成的黃梅調歌曲一首。詞曲雋永，殊堪翫味，可供學禪者吟詠，有助於見道。內附設計精美的彩色小冊，解說每一首詞的背景本事。每片280元。【每購買公案拈提書籍一冊，即贈送一片。】

鈍鳥與靈龜：鈍鳥及靈龜二物，被宗門證悟者說為二種人：前者是精修禪定而無智慧者，也是以定為禪的愚癡禪人；後者是或有禪定、或無禪定的宗門證悟者，凡已證悟者皆是靈龜。但後來被人虛造事實，用以嘲笑大慧宗杲禪師，說他雖是靈龜，卻不免被天童禪師預記「患背」痛苦而亡：「鈍鳥離巢易，靈龜脫殼難。」藉以貶低大慧宗杲的證量。同時將天童禪師實證如來藏的證量，曲解為意識境界的離念靈知。自從大慧禪師入滅以後，錯悟凡夫對他的不實毀謗就一直存在著，不曾止息，並且捏造的假事實也隨著年月的增加而越來越多，終至編成「鈍鳥與靈龜」的假公案、假故事。本書是考證大慧與天童之間的不朽情誼，顯現這件假公案的虛妄不實；更見大慧宗杲面對惡勢力時的正直不阿，亦顯示大慧對天童禪師的至情深義，將使後人對大慧宗杲的誣謗至此而止，不再有人誤犯毀謗賢聖的惡業。書中亦舉證宗門的所悟確以第八識如來藏為標的，詳讀之後必可改正以前被錯悟大師誤導的參禪知見，日後必定有助於實證禪宗的開悟境界，得階大乘真見道位中，即是實證般若之賢聖。全書459頁，售價250元。

我的菩提路第一輯：凡夫及二乘聖人不能實證的佛菩提證悟，末法時代的今天仍然有人能得實證，由正覺同修會釋悟圓、釋善藏法師等二十餘位實證如來藏者所寫的見道報告，已為當代學人見證宗門正法之絲縷不絕，證明大乘義學的法脈仍然存在，為末法時代求悟般若之學人照耀出光明的坦途。由二十餘位大乘見道者所繕，敘述各種不同的學法、見道因緣與過程，參禪求悟者必讀。全書三百餘頁，售價200元。

我的菩提路第二輯：由郭正益老師等人合著，書中詳述彼等諸人歷經各處道場學法，一一修學而加以檢擇之不同過程以後，因閱讀正覺同修會、正智出版社書籍而發起抉擇分，轉入正覺同修會中修學；乃至學法及見道之過程，都一一詳述之。其中張志成等人係由前現代禪轉進正覺同修會，張志成原為現代禪副宗長，以前未閱本會書籍時，曾被人藉其名義著文評論　平實導師（詳見《宗通與說通》辨正及《眼見佛性》書末附錄⋯等）；後因偶然接觸正覺同修會書籍，深覺以前聽人評論平實導師之語不實，於是投入極多時間閱讀本會書籍、深入思辨，詳細探索中觀與唯識之關聯與異同，認為正覺之法義方是正法，深覺相應；亦解開多年來對佛法的迷雲，確定應依八識論正理修學方是正法。乃不顧面子，毅然前往正覺同修會面見平實導師懺悔，並正式學法求悟。今已與其同修王美伶（亦為前現代禪傳法老師），同樣證悟如來藏而證得法界實相，生起實相般若真智。此書中尚有七年來本會第一位眼見佛性者之見性報告一篇，一同供養大乘佛弟子。

維摩詰經講記：本經係 世尊在世時，由等覺菩薩維摩詰居士藉疾病而演說之大乘菩提無上妙義，所說函蓋甚廣，然極簡略，是故今時諸方大師與學人讀之悉皆錯解，何況能知其中隱含之深妙正義，是故普遍無法為人解說；若強為人說，則成依文解義而有諸多過失。今由平實導師公開宣講之後，詳實解釋其中密意，令維摩詰菩薩所說大乘不可思議解脫之深妙正法得以正確宣流於人間，利益當代學人及與諸方大師。書中詳實演述大乘佛法深妙不共二乘之智慧境界，顯示諸法之中絕待之實相境界，建立大乘菩薩妙道於永遠不敗不壞之地，以此成就護法偉功，欲冀永利娑婆人天。已經宣講圓滿整理成書流通，以利諸方大師及諸學人。全書共六輯，每輯三百餘頁，優惠價各200元。

真假外道：本書具體舉證佛門中的常見外道知見實例，並加以教證及理證上的辨正，幫助讀者輕鬆而快速的了知常見外道的錯誤知見，進而遠離佛門內外的常見外道知見，因此即能改正修學方向而快速實證佛法。 游正光老師著 。成本價200元。

勝鬘經講記：如來藏爲三乘菩提之所依，若離如來藏心體及其含藏之一切種子，即無三界有情及一切世間法，亦無二乘菩提緣起性空之出世間法；本經詳說無始無明、一念無明皆依如來藏而有之正理，藉著詳解煩惱障與所知障間之關係，令學人深入了知二乘菩提與佛菩提相異之妙理；聞後即可了知佛菩提之特勝處及三乘修道之方向與原理，邁向攝受正法而速成佛道的境界中。平實導師講述，共六輯，每輯三百餘頁，優惠價各200元。

楞嚴經講記：楞嚴經係密教部之重要經典，亦是顯教中普受重視之經典；經中宣說明心與見性之內涵極爲詳細，將一切法都會歸如來藏及佛性—妙真如性；亦闡釋佛菩提道修學過程中之種種魔境，以及外道誤會涅槃之狀況，旁及三界世間之起源。然因言句深澀難解，法義亦復深妙寬廣，學人讀之普難通達，是故讀者大多誤會，不能如實理解佛所說之明心與見性內涵，亦因是故多有悟錯之人引爲開悟之證言，成就大妄語罪。今由平實導師詳細講解之後，整理成文，以易讀易懂之語體文刊行天下，以利學人。全書十五輯，2009/12/1開始發行，每二個月出版一輯，2012年4月全部出版完畢。每輯三百餘頁，優惠價每輯200元。

藏傳佛教的神話──性、謊言、喇嘛教
本書編著者是由一首名叫「阿姊鼓」的歌曲為緣起，展開了序幕，揭開藏傳佛教──喇嘛教──的神秘面紗。其重點是蒐集、摘錄網路上質疑「喇嘛教」的帖子，以揭穿「藏傳佛教的神話」為主題，串聯成書，並附加彩色插圖以及說明，讓讀者們瞭解西藏密宗及相關人事如何被操作為「神話」的過程，以及神話背後的真相。作者：張正玄教授。售價200元。

菩薩底憂鬱ＣＤ將菩薩情懷及禪宗公案寫成新詞，並製作成超越意境的優美歌曲。　1.主題曲〈菩薩底憂鬱〉，描述地後菩薩能離三界生死而迴向繼續生在人間，但因尚未斷盡習氣種子而有極深沈之憂鬱，非三賢位菩薩及二乘聖者所知，此憂鬱在七地滿心位方才斷盡；本曲之詞中所說義理極深，昔來所未曾見；此曲係以優美的情歌風格寫詞及作曲，聞者得以激發嚮往諸地菩薩境界之大心，詞、曲都非常優美，難得一見；其中勝妙義理之解說，已印在附贈之彩色小冊中。　2.以各輯公案拈提中直示禪門入處之頌文，作成各種不同曲風之超意境歌曲，值得玩味、參究；聆聽公案拈提之優美歌曲時，請同時閱讀內附之印刷精美說明小冊，可以領會超越三界的證悟境界；未悟者可以因此引發求悟之意向及疑情，真發菩提心而邁向求悟之途，乃至因此真實悟入般若，成真菩薩。　3.正覺總持咒新曲，總持佛法大意；總持咒之義理，已加以解說並印在隨附之小冊中。本CD共有十首歌曲，長達63分鐘，附贈二張購書優惠券。請直接向各市縣鄉鎮之CD販售店購買，本公司及各講堂都不販售。

禪意無限ＣＤ平實導師以公案拈提書中偈頌寫成不同風格曲子，與他人所寫不同風格曲子共同錄製出版，幫助參禪人進入禪門超越意識之境界。盒中附贈彩色印製的精美解說小冊，以供聆聽時閱讀，令參禪人得以發起參禪之疑情，即有機會證悟本來面目，實證大乘菩提般若。本CD共有十首歌曲，長達69分鐘，於2012年五月下旬公開發行，請直接向各市縣鄉鎮之CD販售店購買，本公司及各講堂都不販售。每盒各附贈二張購書優惠券。〈禪意無限〉出版後將不再錄製CD，特此公告。

金剛經宗通：三界唯心，萬法唯識，是成佛之修證內容，是諸地菩薩之所修；般若則是成佛之道（實證三界唯心、萬法唯識）的入門，若未證悟實相般若，即無成佛之可能，必將永在外門廣行菩薩六度，永在凡夫位中。然而實相般若的發起，全賴實證萬法的實相；若欲證知萬法的真相，則必須探究萬法之所從來，則須實證自心如來—金剛心如來藏，然後現觀這個金剛心的金剛性、真實性、如如性、清淨性、涅槃性、能生萬法的自性性、本住性，名為證真如；進而現觀三界六道唯是此金剛心所成，人間萬法須藉八識心王和合運作方能現起。如是實證《華嚴經》的「三界唯心、萬法唯識」以後，由此等現觀而發起實相般若智慧，繼續進修第十住位的如幻觀、第十行位的陽焰觀、第十迴向位的如夢觀，再生起增上意樂而勇發十無盡願，方能滿足三賢位的實證，轉入初地；自知成佛之道而無偏倚，從此按部就班、次第進修乃至成佛。第八識自心如來是般若智慧之所依，般若智慧的修證則要從實證金剛心自心如來開始；《金剛經》則是解說自心如來之經典，是一切三賢位菩薩所應進修之實相般若經典。這一套書，是將平實導師宣講的《金剛經宗通》內容，整理成文字而流通之；書中所說義理，迴異古今諸家依文解義之說，指出大乘見道方向與理路，有益於禪宗學人求開悟見道，及轉入內門廣修六度萬行。講述完畢後擇期陸續結集出版。總共9輯，每輯約三百餘頁，優惠價各200元，2012/6/1起開始出版，每二個月出版一輯，2013年9月已全部出版。

空行母—性別、身分定位，以及藏傳佛教
本書作者爲蘇格蘭哲學家，因爲嚮往佛教深
妙的哲學內涵，於是進入當年盛行於歐美的
藏傳佛教密宗，擔任卡盧仁波切的翻譯工作
多年以後，被邀請成爲卡盧的空行母（又名
佛母、明妃），開始了她在密宗裡的實修過
程；後來發覺在密宗雙身法中的修行，其實
無法使自己成佛，也發覺密宗對女性岐視而
處處貶抑，並剝奪女性在雙身法中擔任一半
角色時應有的身分定位。當她發覺自己只是
雙身法中被喇嘛利用的工具，沒有獲得絲毫應有的尊重與基本定
位時，發現了密宗的父權社會控制女性的本質；於是作者傷心地
離開了卡盧仁波切與密宗，但是卻被恐嚇不許講出她在密宗裡的
經歷，也不許她說出自己對密宗的教義與教制下對女性剝削的本
質，否則將被咒殺死亡。後來她去加拿大定居，十餘年後方才擺
脫這個恐嚇陰影，下定決心將親身經歷的實情及觀察到的事實寫
下來並且出版，公諸於世。出版之後，她被流亡的達賴集團人士
大力攻訐，誣指她爲精神狀態失常、說謊……等。但有智之士並
未被達賴集團的政治操作及各國政府政治運作吹捧達賴的表相所
欺，使她的書銷售無阻而又再版。正智出版社鑑於作者此書是親
身經歷的事實，所說具有針對藏傳佛教而作學術研究的價值，也
有使人認清藏傳佛教剝削佛母、明妃的男性本位實質，因此洽請
作者同意中譯而出版於華人地區。珍妮・坎貝爾女士著，呂艾倫
中譯，每冊250元。

黯淡的達賴—失去光彩的和平獎
本書舉出很多證據與論述，詳述達賴喇嘛
不爲世人所知的一面，顯示達賴喇嘛並不
是眞正的和平使者，而是假借諾貝爾和平
獎的光環來欺騙世人；透過本書的說明與
舉證，讀者可以更清楚的瞭解，達賴喇嘛
是結合暴力、黑暗、淫欲於喇嘛教裡的集
團首領，其政治行爲與宗教主張，早已讓
諾貝爾和平獎的光環染污了。本書由財團
法人正覺教育基金會寫作、編輯，由正覺
出版社印行，每冊250元。

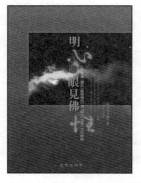

明心與眼見佛性：本書細述明心與眼見佛性之異同，同時顯示了中國禪宗破初參明心與重關眼見佛性二關之間的關聯；書中又藉法義辨正而旁述其他許多勝妙法義，讀後必能遠離佛門長久以來積非成是的錯誤知見，令讀者在佛法的實證上有極大助益。也藉慧廣法師的謬論來教導佛門學人回歸正知正見，遠離古今禪門錯悟者所墮的意識境界，非唯有助於斷我見，也對未來的開悟明心實證第八識如來藏有所助益，是故學禪者都應細讀之。 游正光老師著　　共448頁　成本價250元

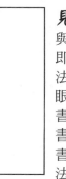

見性與看話頭：黃正倖老師的《見性與看話頭》已於〈正覺電子報〉連載完畢，即將出版；書中詳說禪宗看話頭的詳細方法，並細說看話頭與眼見佛性的關係，以及眼見佛性者求見佛性前必須具備的條件。本書是禪宗實修者追求明心開悟時參禪的方法書，也是求見佛性者作功夫時必讀的方法書，內容兼顧眼見佛性的理論與實修之方法，是依實修之體驗配合理論而詳述，條理分明而且極為詳實、周全、深入。敬請期待出版日期。本書內文375頁，全書416頁，定價300元。

達賴真面目─玩盡天下女人　假使您不想戴綠帽子，請記得詳細閱讀此書；假使您不想讓好朋友戴綠帽子，請您將此書介紹給您的好朋友。假使您想保護家中的女性，也想要保護好朋友的女眷，請記得將此書送給家中的女性和好友的女眷都來閱讀。本書為印刷精美的大本彩色中英對照精裝本，為您揭開達賴喇嘛的真面目，內容精彩不容錯過，為利益社會大眾，特別以優惠價格嘉惠所有讀者。編著者：白志偉等。大開版雪銅紙彩色精裝本。售價800元。

第七意識與第八意識？「三界唯心，萬法唯識」是佛教中應該實證的聖教，也是《華嚴經》中明載而可以實證的法界實相。唯心者，三界一切境界、一切諸法唯是一心所成就，即是每一個有情的第八識如來藏，不是意識心。唯識者，即是人類各各都具足的八識心王————眼識、耳鼻舌身意識、意根、阿賴耶識，第八阿賴耶識又名如來藏，人類五陰相應的萬法，莫不由八識心王共同運作而成就，故說萬法唯識。依聖教量及現量、比量，都可以證明意識是二法因緣生，是由第八識藉意根與法塵二法為因緣而出生，又是夜夜斷滅不存之生滅心，即無可能反過來出生第七識意根、第八識如來藏，當知不可能從生滅性的意識心中，細分出恆審思量的第七識意根，更無可能細分出恆而不審的第八識如來藏。本書是將演講內容整理成文字，細說如是內容，並已在〈正覺電子報〉連載完畢，今彙集成書以廣流通，欲幫助佛門有緣人斷除意識我見，跳脫於識陰之外而取證聲聞初果；嗣後修學禪宗時即得不墮外道神我之中，得以求證第八識金剛心而發起般若實智。平實導師 述，每冊250元。

喇嘛性世界——揭開藏傳佛教譚崔瑜伽的面紗 這個世界中的喇嘛，號稱來自世外桃源的香格里拉，穿著或紅或黃的喇嘛長袍，散布於我們的身邊傳教灌頂，吸引了無數的人嚮往學習；這些喇嘛虔誠地為大眾祈福，手中拿著寶杵（金剛）與寶鈴（蓮花），口中唸著咒語：「唵‧嘛呢‧叭咪‧吽……」，咒語的意思是說：「我至誠歸命金剛杵上的寶珠伸向蓮花寶穴之中」！ 「喇嘛性世界」是什麼樣的「世界」呢？ 本書將為您呈現喇嘛世界的面貌。 當您發現真相以後，您將會唸：「噢！喇嘛‧性‧世界，譚崔性交嘛！」作者：張善思、呂艾倫。售價200元。

末代達賴—性交教主的悲歌　簡介從藏傳偽佛教（喇嘛教）的修行核心—性力派男女雙修，探討達賴喇嘛及藏傳偽佛教的修行內涵。書中引用外國知名學者著作、世界各地新聞報導，包含：歷代達賴喇嘛的祕史、達賴六世修雙身法的事蹟，以及《時輪續》中的性交灌頂儀式……等；達賴喇嘛書中開示的雙修法、達賴喇嘛的黑暗政治手段；達賴喇嘛所領導的寺院爆發喇嘛性侵兒童；新聞報導《西藏生死書》作者索甲仁波切性侵女信徒、澳洲喇嘛秋達公開道歉、美國最大藏傳佛教組織領導人邱陽創巴仁波切的性氾濫，等等事件背後真相的揭露。作者：張善思、呂艾倫、辛燕。售價250元。

童女迦葉考：童女迦葉是佛世率領五百大比丘遊行於人間的歷史事實，是以童貞行而依止菩薩戒弘化於人間的大菩薩，不依別解脫戒（聲聞戒）來弘化於人間。這是大乘佛教與聲聞佛教同時存在於佛世的歷史明證，證明大乘佛教不是從聲聞法中分裂出來的部派佛教的產物，卻是聲聞佛教分裂出來的部派佛教聲聞凡夫僧所不樂見的史實；於是古今聲聞法中的凡夫都欲加以扭曲而作詭說，更是末法時代高聲大呼「大乘非佛說」的六識論聲聞凡夫極力想要扭曲的佛教史實之一，於是想方設法扭曲迦葉菩薩為聲聞僧，以及扭曲迦葉童女為比丘僧等荒謬不實之論著便陸續出現，古時的《分別功德論》是最具體之事例，現代之代表作則是呂凱文先生的〈佛教輪迴思想的論述分析〉論文。鑑於如是假藉學術考證以籠罩大眾之不實謬論，未來仍將繼續造作及流竄於佛教界，足以扼殺大乘佛教學人的法身慧命，以是緣故不得不舉證辨正之，遂成此書。平實導師　著，每冊180元，已於2013/08/31出版。

人間佛教：「大乘非佛說」的講法似乎流傳已久，卻只是日本人企圖擺脫中國佛教的影響，而在明治維新時期才開始提出來的說法；台灣佛教、大陸佛教的淺學無智之人，由於未曾實證佛法而迷信日本人錯誤的學術考證，錯認為這些別有用心的日本佛學考證的講法為天竺佛教的真實歷史；甚至還有更激進的反對佛教者提出「釋迦牟尼佛並非真實存在，只是後人捏造的假歷史人物」，也竟然有少數人願意跟著「學術」的假光環而信受不疑，於是開始有一些佛教界人士造作了反對中國佛教而推崇南洋小乘佛教的行為；在這些佛教及外教人士之中，也就有一分人根據此邪說而大聲主張「大乘非佛說」的謬論，這些人以「人間佛教」的名義來抵制中國大乘佛教，公然宣稱大乘佛教是由聲聞部派佛教的凡夫僧所創造出來的。這樣的說法流傳於台灣及大陸佛教界凡夫僧之中已久，卻非真正的佛教歷史中曾經發生過的事，只是繼承六識論的聲聞法中凡夫僧依自己的意識境界立場，純憑臆想而編造出來的妄想說法，卻已經影響許多無智之凡夫僧俗信受不移。本書則是從佛教的經藏法義實質及實證的現量內涵本質立論，證明大乘佛法本是佛說，是從《阿含正義》尚未說過的不同面向來討論「人間佛教」的議題，證明「大乘真佛說」。閱讀本書可以斷除六識論邪見，迴入三乘菩提正道發起實證的因緣；也能斷除禪宗學人學禪時普遍存在之錯誤知見，對於建立參禪時的正知見有很深的著墨。 平實導師 述，定價300元，已於2013/11/30出版。

佛法入門：學佛人往往修學二十年後仍不知如何入門，茫無所入漫無方向，不知如何實證佛法；更因不知三乘菩提的互異互同之處，導致越是久學者越覺茫然，都是肇因於尚未瞭解佛法的全貌所致。本書對於佛法的全貌提出明確的輪廓，並說明三乘菩提的異同處，讀後即可輕易瞭解佛法全貌，數日內即可明瞭三乘菩提入門方向與下手處。○○菩薩著 出版日期未定。

霧峰無霧—給哥哥的信 本書作者藉兄弟之間信件往來論義，略述佛法大義；並以多篇短文辨義，舉出釋印順對佛法的無量誤解證據，並一一給予簡單而清晰的辨正，令人一讀即知。久讀、多讀之後即能認清楚釋印順的六識論見解，與眞實佛法之牴觸是多麼嚴重；於是在久讀、多讀之後，於不知不覺之間提升了對佛法的極深入理解，正知正見就在不知不覺間建立起來了。當三乘佛法的正知見建立起來之後，對於三乘菩提的見道條件便將隨之具足，於是聲聞解脫道的見道也就水到渠成；接著大乘見道的因緣也將次第成熟，未來自然也會有親見大乘菩提之道的因緣，悟入大乘實相般若也將自然成功，自能通達般若系列諸經而成實義菩薩。作者居住於南投縣霧峰鄉，自喻見道之後不復再見霧峰之霧，故鄉原野美景一一明見，於是立此書名爲《霧峰無霧》；讀者若欲撥霧見月，可以此書爲緣。游宗明老師著　成本價200元。

實相經宗通： 學佛之目的在於實證一切法界背後之實相，禪宗稱之爲本來面目或本地風光，佛菩提道中稱之爲實相法界；此實相法界即是金剛藏，又名佛法之祕密藏，即是能生有情五陰、十八界及宇宙萬有（山河大地、諸天、三惡道世間）的第八識如來藏，又名阿賴耶識心，即是禪宗祖師所說的眞如心，此心即是三界萬有背後的實相。證得此第八識心時，自能瞭解般若諸經中隱說的種種密意，即得發起實相般若——實相智慧。每見學佛人修學佛法二十年後仍對實相般若茫然無知，亦不知如何入門，茫無所趣；更因不知三乘菩提的互異互同，是故越是久學者對佛法越覺茫然，都肇因於尚未瞭解佛法的全貌，亦未瞭解佛法的修證內容即是第八識心所致。本書對於修學佛法者所應實證的實相境界提出明確解析，並提示趣入佛菩提道的入手處，有心親證實相般若的佛法實修者，宜詳讀之，於佛菩提道之實證即有下手處。平實導師述著，共八輯，每輯成本價250元。已於2014/01/31起開始出版，每二個月出版一輯。

解深密經講記：本經係 世尊晚年第三轉法輪，宣說地上菩薩所應熏修之唯識正義經典，經中所說義理乃是大乘一切種智增上慧學，以阿陀那識—如來藏—阿賴耶識為主體。禪宗之證悟者，若欲修證初地無生法忍乃至八地無生法忍者，必須修學《楞伽經、解深密經》所說之八識心王一切種智；此二經所說正法，方是真正成佛之道；印順法師否定第八識如來藏之後所說萬法緣起性空之法，是以誤會後之二乘解脫道取代大乘真正成佛之道，尚且不符二乘解脫道正理，亦已墮於斷滅見中，不可謂為成佛之道也。平實導師曾於本會郭故理事長往生時，於喪宅中從首七開始宣講，於每一七各宣講三小時，至第十七而快速略講圓滿，作為郭老之往生佛事功德，迴向郭老早證八地、速返娑婆住持正法。茲為今時後世學人故，將擇期重講《解深密經》，以淺顯之語句整理成文，用供證悟者進道；亦令諸方未悟者，據此經中佛語正義，修正邪見，依之速能入道。平實導師述著，全書輯數未定，每輯三百餘頁，將於未來重講完畢後整理成文、逐輯出版。

修習止觀坐禪法要講記：修學四禪八定之人，往往錯會禪定之修學知見，欲以無止盡之坐禪而證禪定境界，卻不知修除性障之行門才是修證四禪八定不可或缺之要素，故智者大師云「性障初禪」；性障不除，初禪永不現前，云何修證二禪等？ 又：行者學定，若唯知數息，而不解六妙門之方便善巧者，欲求一心入定，未到地定極難可得，智者大師名之為「事障未來」：障礙未到地定之修證。又禪定之修證，不可違背二乘菩提及第一義法，否則縱使具足四禪八定，亦不能實證涅槃而出三界。此諸知見，智者大師於《修習止觀坐禪法要》中皆有闡釋。作者平實導師以其第一義之見地及禪定之實證證量，曾加以詳細解析。將俟正覺寺竣工啟用後重講，不限制聽講者資格；講後將以語體文整理出版。欲修習世間定及增上定之學者，宜細讀之。平實導師述著。

阿含講記—**小乘解脫道之修證：**數百年來，南傳佛法所說證果之不實，所說解脫道之虛妄，所弘解脫道法義之世俗化，皆已少人知之；從南洋傳入台灣與大陸之後，所說法義虛謬之事，亦復少人知之；今時台灣全島印順系統之法師居士，多不知南傳佛法數百年來所說解脫道之義理已然偏斜、已然世俗化、已非真正之二乘解脫正道，猶極力推崇與弘揚。彼等南傳佛法近代所謂之證果者多非真實證果者，譬如阿迦曼、葛印卡、帕奧禪師、一行禪師……等人，悉皆未斷我見故。近年更有台灣南部大願法師，高抬南傳佛法之二乘修證行門為「捷徑究竟解脫之道」者，然而南傳佛法縱使真修實證，得成阿羅漢，至高唯是二乘菩提解脫之道，絕非究竟解脫，無餘涅槃中之實際尚未得證故，法界之實相尚未了知故，習氣種子待除故，一切種智未實證故，焉得謂為「究竟解脫」？即使南傳佛法近代真有實證之阿羅漢，尚且不及三賢位中之七住明心菩薩本來自性清淨涅槃智慧境界，則不能知此賢位菩薩所證之無餘涅槃實際，仍非大乘佛法中之見道者，何況普未實證聲聞果乃至未斷我見之人？謬充證果已屬逾越，更何況是誤會二乘菩提之後，以未斷我見之凡夫知見所說之二乘菩提解脫偏斜法道，焉可高抬為「究竟解脫」？而且自稱「捷徑之道」？又妄言解脫之道即是成佛之道，完全否定般若實智、否定三乘菩提所依之如來藏心體，此理大大不通也！平實導師為令修學二乘菩提欲證解脫果者，普得迴入二乘菩提正見、正道中，是故選錄四阿含諸經中，對於二乘解脫道法義有具足圓滿說明之經典，預定未來十年內將會加以詳細講解，令學佛人得以了知二乘解脫道之修證理路與行門，庶免被人誤導之後，未證言證，干犯道禁，成大妄語，欲升反墮。本書首重斷除我見，以助行者斷除我見而實證初果為著眼之目標，若能根據此書內容，配合平實導師所著《識蘊真義》《阿含正義》內涵而作實地觀行，實證初果非為難事，行者可以藉此三書自行確認聲聞初果為實際可得現觀成就之事。此書中除依二乘經典所說加以宣示外，亦依斷除我見等之證量，及大乘法中道種智之證量，對於意識心之體性加以細述，令諸二乘學人必定得斷我見、常見，免除三縛結之繫縛。次則宣示斷除我執之理，欲令升進而得薄貪瞋痴，乃至斷五下分結…等。平實導師述，共二冊，每冊三百餘頁。

★ 聲 明 ★

本社預定於2015/01/01開始調整本目錄中部分書籍之售價,《金剛經宗通》、《優婆塞戒經講記》、《勝鬘經講記》、《楞嚴經講記》、《維摩詰經講記》、《起信論講記》等套書都以成本價200元出售,屆時將改爲每冊250元。《狂密與眞密》將改爲每冊300元。《我的菩提路-第一輯》及《鈍鳥與靈龜》將改爲300元,以因應各項成本的持續增加。

＊ 喇嘛教修外道雙身法,墮識陰境界,非佛教 ＊
＊弘揚如來藏他空見的覺囊派才是真正藏傳佛教 ＊

國家圖書館出版品預行編目(CIP)資料

真心告訴您：達賴喇嘛在幹什麼？/ 財團法人正覺教育基金會編著.
— 初版 — 臺北市：正覺出版社, 2013.10
　　　面；　　公分
　　ISBN 978-986-86852-4-6(平裝)

　　1.藏傳佛教　2.文集
226.9607　　　　　　　　　　　　　　　　102021059

真心告訴您

——達賴喇嘛在幹什麼？

編　　　者：財團法人正覺教育基金會
出　版　者：財團法人正覺教育基金會正覺出版社
通訊地址：10367 台北市承德路三段 267 號 10 樓
電　　　話：+886-2-25957295 ext.10-21（請於夜間共修時間聯繫）
傳　　　眞：+886-2-25954493
帳　　　號：0903717095910　合作金庫　民族分行
總　經　銷：飛鴻國際行銷股份有限公司
　　　　　　231 新北市新店區中正路 501-9 號 2 樓
　　　　　　電話：○二 82186688（五線代表號）
　　　　　　傳眞：○二 82186458　82186459
定　　　價：新臺幣二五○元
初版首刷：2014 年 1 月 10 日　二千冊